독자의 1초를 아껴주는 정성!

세상이 아무리 바쁘게 돌아가더라도
책까지 아무렇게나 빨리 만들 수는 없습니다.
인스턴트 식품 같은 책보다는
오래 익힌 술이나 장맛이 밴 책을 만들고 싶습니다.

땀 흘리며 일하는 당신을 위해
한 권 한 권 마음을 다해 만들겠습니다.
마지막 페이지에서 만날 새로운 당신을 위해
더 나은 길을 준비하겠습니다.

독자의 1초를 아껴주는
정성을 만나보십시오.

미리 책을 읽고 따라해 본 2만 베타테스터 여러분과
무따기 체험단, 길벗스쿨 엄마 기획단,
시나공 평가단, 토익 배틀, 대학생 기자단까지!

믿을 수 있는 책을 함께 만들어주신 독자 여러분께 감사드립니다.

(주)도서출판 길벗 www.gilbut.co.kr
길벗이지톡 www.eztok.co.kr
길벗스쿨 www.gilbutschool.co.kr

나는 오르는 주식만 산다

나는 오르는 주식만 산다

I only buy the stocks that rise

초판 1쇄 발행 · 2019년 7월 22일
초판 9쇄 발행 · 2024년 2월 5일

지은이 · 와조스키(김광회)
발행인 · 이종원
발행처 · (주)도서출판 길벗
출판사 등록일 · 1990년 12월 24일
주소 · 서울시 마포구 월드컵로 10길 56(서교동)
대표전화 · 02)332-0931 | **팩스** · 02)322-0586
홈페이지 · www.gilbut.co.kr | **이메일** · gilbut@gilbut.co.kr

담당 · 박윤경(yoon@gilbut.co.kr) | **디자인** · 배진웅 | **제작** · 이준호, 손일순, 이진혁, 김우식
마케팅 · 정경원, 김진영, 김선영, 최명주, 이지현, 류효정 | **유통혁신** · 한준희
영업관리 · 김명자, 심선숙, 정경화 | **독자지원** · 윤정아

전산편집 · 예다움 | **CTP 출력 및 인쇄** · 예림인쇄 | **제본** · 예림바인딩

ISBN 979-11-6050-845-1 13320
(길벗도서번호 070389)

정가 16,000원

· ·

독자의 1초를 아껴주는 정성 길벗출판사

(주)도서출판 길벗 | IT교육서, IT단행본, 경제경영, 교양, 성인어학, 자녀교육, 취미실용 www.gilbut.co.kr
길벗스쿨 | 국어학습, 수학학습, 어린이교양, 주니어 어학학습, 학습단행본 www.gilbutschool.co.kr

확실히 수익 내는
세력주 투자의 모든 것

나는 오르는 주식만 산다

와조스키 지음

길벗

자본주의 시대,
주식이 필수다!

이 책을 통해 만난 독자 여러분, 반갑습니다. 저는 주식을 다양한 관점으로 연구한 한 사람으로서 늘 많은 사람들에게 도움이 될 만한 책을 집필하고 싶었습니다. 이 책은 입문자 혹은 기존에 주식을 접했던 투자자에게 주식투자를 바라보는 새로운 관점을 알려주는 책입니다. 주식투자에 관심이 있는 사람이라면 누구에게나 꼭 필요한 내용이라고 생각합니다.

◆ 여러 얼굴을 지닌 주식시장, 어떻게 접근해야 할까? ◆

주식이란 여러 관점으로 바라볼 수 있는 분야입니다. 어떤 이들에게는 거시적인 시장 경제를 읽는 지표가 되기도 하고, 어떤 이들에게는 큰돈을 벌 수 있는 희망의 대상이 되기도 합니다. 또 어떤 이들에게는 투기나 도박으로 인식되어 주식이라고 하면 색안경을 쓰고 부정적인 의견부터 던지는 경우도 많습니다.

이 중에서 주식에 대한 정답이 있을까요? 재미있는 사실은 이 모든 관점들이 '모두 옳다'는 것입니다. 처음에는 합리적인 투자의 대상으로 주식투자를 시작했지만 나중에는 도박처럼 빠져드는 경우가 부지기수죠. 그만큼 주식투자는 단순하지 않으며 여러 가지 결과를 가져올 수 있습니다.

◆ 꺼지지 않는 주식시장 ◆

저에게 어떤 관점으로 주식시장을 바라보느냐고 묻는다면, 저는 이렇게 대답하겠습니다. 주식시장은 돈을 무한대로 벌어들일 수 있는 꺼지지 않는 시장이라고요.

실제로 주식투자는 많은 이들에게 제2의 수입과 자본을 안겨줍니다. 월급의 한계에 부딪히는 이들에게 주식은 잘만 다루면 '황금 알을 낳는 거위'가 될 수도 있습니다. 하지만 많은 사람들은 이 말을 믿지 않습니다. 주식투자에 실패한 사람들이 성공한 사람들보다 압도적으로 많기 때문입니다. 주식투자에 실패했다는 말이 사람들에게 조금 더 빨리 퍼지는 이유도 마찬가지입니다.

주식투자는 어느 관점으로 바라보아도 옳습니다. 실패한 관점에서 봐도 결코 틀렸다고 할 수 없습니다. 그만큼 실패한 사람들의 수가 많기 때문이죠. 하지만 여러분만큼은 그 관점을 바꾸시길 바랍니다.

저는 주식시장을 '노력한 만큼 얻을 수 있는 곳'으로 봅니다. 노력은 절대

배신하지 않는다는 말은 어디에나 통용됩니다. 그런 간단한 진리를 주식시장에 적용시키지 못할 이유는 없습니다.

✦ 노력이 곧 시스템이 된다! ✦

주식을 별 생각 없이 가볍게 접한 사람들 중에 소가 뒷걸음질 치다가 쥐 잡듯이 뜻하지 않게 수익을 얻는 사람들이 아주 많습니다. 하지만 이렇게 쉽게 수익을 얻은 사람들은 한탕주의에 빠지기 쉽고, 이후에는 실패하기 마련입니다. 운이 늘 따르지는 않습니다. 노력과 공부를 통해 자신만의 매매 시스템을 갖추는 것이 무엇보다 중요합니다. 체계적인 시스템을 갖추고 이를 검증하면서 자신만의 노하우를 만든다면 주식시장에서 성공할 수밖에 없습니다.

성공의 기준은 저마다 다르겠지만 결국 수익이겠죠. 저는 여러분이 주식으로 성공한 사람이 되길 바라며 그간의 노력과 연구를 통해 제가 구축한 매매 시스템을 이 책에서 공개하려 합니다.

✦ 세력이 곧 주가의 흐름을 만든다 ✦

이 책에서는 매매 시스템의 핵심으로 세력에 집중합니다. 주식시장을 움직이는 것은 큰돈, 곧 세력입니다. 이들은 거액의 돈을 움직여 주식시장에 거대한 파도를 만들며, 개인 투자자들은 이에 속수무책으로 당하는 일이 부지기수입니다. 그러나 역으로 생각하면, 세력이 증시를 주도할 때 그 방향을 미리 알 수만 있다면 수익은 저절로 따라올 것입니다.

저는 여러 가지 연구와 차트분석을 통해 세력이 수익을 실현하는 패턴을 파악했고, 이 패턴을 이용하여 적절한 매수매도 타이밍을 잡았습니다. 오를 때 사고, 내리기 전에 파니 파도 위를 서핑하듯, 세력의 주도로 흐르는 주가를 역이용할 수 있었습니다. 이 책에는 제가 익힌 차트 패턴과 매수매도 노하우를 꽉 차게 담았습니다. 세력을 알면 무작정 수익이 나기만을 기다리는 '존버 투자'에서 벗어나, 주가를 한눈에 읽는 개인 투자자가 될 수 있습니다.

◆ 수익에 일희일비하지 않는 현명한 투자자가 되는 법 ◆

주식투자에서 성공하는 매매 방법과 공식들이 한 가지 모습만 하고 있는 것은 아닙니다.

이 책에서 저는 매매의 접근에 관한 여러 관점들을 제시하고, 성공하는 핵심 관점 역시 알려드릴 것입니다. 이와 더불어 차트분석을 통한 투자의 포인트도 안내해드릴 것입니다. 매매 심리를 다스리기 위한 훈련 지침도 물론 담아두었습니다.

여러분과 제가 이 책을 통해 만난 것도 소중한 인연이라고 생각합니다. 주식투자에서 결국 성공하는 강력한 키워드는 '노력'입니다. 굳은 의지와 뜨거운 열정이 여러분을 주식투자의 성공으로 이끌어줄 거라고 확신합니다. 주식시장이야말로 현실의 '황금 알을 낳는 거위'라는 점을 다시 강조하면서 인사말을 마치겠습니다.

와준키

목

차

1부

실패하는
투자를 하고
있다면
마인드부터
바꾸자!

2부

세력주
패턴을
읽으면
돈의 흐름이
보인다

3부

세력주를
읽는
차트분석
기본기
다지기

4부

마이너스
수익을
플러스로
바꾸는
실전 세력주
공략법

5부

안정적인
수익을
얻기 위한
포트폴리오
구성법

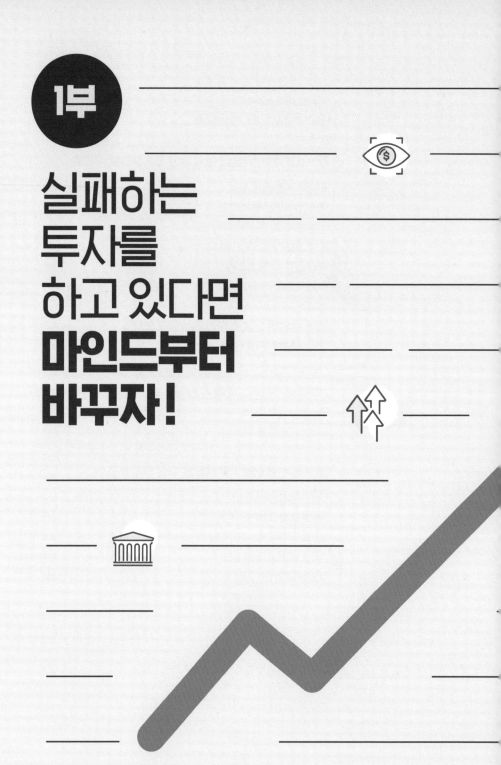

1부

실패하는 투자를 하고 있다면 **마인드부터 바꾸자!**

무모한 이들은 실패할 수밖에 없는 주식시장

◆ 돈을 벌기 위한 전쟁터 ◆

흔히 주식시장을 전쟁터에 비유합니다. 찰나의 실수가 투자자에게 혹독한 결과를 가져오기 때문에 전쟁터라는 비유는 꽤 적절한 표현인 것 같습니다. 이렇듯 생사가 오가는 무자비한 전쟁터에 오늘도 많은 사람들이 뛰어들고, 지금 이 순간에도 누군가는 웃고 누군가는 울고 있습니다.

주식시장이라는 전쟁터에서 무기는 바로 돈입니다. 내가 가진 자본으로 시장에 뛰어들어 큰 시세차익을 남기는 것이 주식매매의 목표입니다. 재미 또는 취미로 가볍게 주식투자를 하는 사람은 없을 것입니다. 투자의 목적은 하나입니다. 바로 돈을 버는 것이죠.

◆ 왜 주식으로 쉽게 돈을 벌 수 있다고 착각할까? ◆

자본주의 시대를 살아가면서 뼈저리게 깨닫는 것 중 하나가 남의 돈 쉽게 벌기 힘들다는 것입니다. "돈 좀 쉽게 버는 방법 없을까?" 하고 얘기하면 주변 사람들은 어리석은 사람 다 보겠다며 콧방귀를 뀝니다. 저도 그런 소리를 들으면 비슷한 반응을 보일 겁니다. 여기서 한 가지 묻겠습니다. 여러분은 주식으로 쉽게 돈을 벌 수 있다고 생각하나요?

안타깝게도 많은 사람들이 주식으로 쉽게 돈을 벌 수 있다고 생각합니다. 주위를 둘러보면 매매 경험이 1년 미만임에도 보유한 현금의 50% 이상을 주식에 투자하는 사람이 태반입니다. 이것은 제가 오랫동안 주식 커뮤니티를 운영하면서 실제로 확인한 내용입니다. 하지만 주식에 대한 지식이 별로 없는 상태에서 이 정도 비율로 투자하는 것은 너무 위험한 행위입니다.

물론 이들에게도 각자 사정과 이유가 있습니다. 적은 금액으로 매매하면 수익금이 적어서, 본의 아니게 손실이 나다 보니 투자자금을 추가해서 평균 매수단가를 낮추기 위해, 주가가 오를 거라는 확실한 내부 정보를 입수해서 등등의 이유죠. 여러분도 막상 이들과 같은 입장이 되면 나름대로 합리적인 판단이라고 생각할지도 모릅니다.

◆ 수익이 아닌 손실부터 생각하자 ◆

하지만 이들이 놓치고 있는 한 가지가 있습니다. 무엇일까요? 바로 '경험' 입니다. 사회생활을 막 시작한 사회 초년생이 어리숙하듯 주식투자 경험이 많지 않은 초보자들은 주식시장의 참혹한 현실을 제대로 인식하지 못합니다. 10명 중 9명은 결국 돈을 잃고 퇴장하는 현실을 알지 못하는 것이죠.

행여 이런 현실을 안다고 하더라도 이들은 자신만은 그런 경우에 해당하지 않을 거라고 믿습니다. 이런 잘못된 믿음은 마치 최면과도 같아서 옆에서 아무리 옳은 말을 해줘도 귀에 들어오지 않습니다.

그렇습니다. 주식시장은 그만큼 중독성 있고 자기가 믿고 싶은 대로 믿게 만드는 신기한 곳입니다. 그러나 통계적이고 논리적으로 판단할 때 내가 쉽게 돈을 버는 곳이라면 다른 사람도 쉽게 돈을 벌 수 있는 곳이라는 사실도 인정해야 합니다.

앞서 언급했듯이 대부분의 투자자가 참패를 당하고 주식시장을 떠납니다. 그렇다면 나 역시 주식시장에서 돈 잃을 가능성이 높다고 전제하는 것이 이성적이고 올바른 태도일 것입니다. 이렇게 생각한다면 재산에서 큰 비중을 주식시장에 투자하는 것을 신중하게 재고하게 되겠지요.

이런 절차와 사고방식이 합리적이고 올바름에도 불구하고, 이상하게도 이런 판단하에 매매하는 사람들이 주식시장에서는 극히 드뭅니다. 주식 앞에서는 꼭 도박이라도 하듯 한없이 감성적이고 충동적으로 변하죠. 경험과 지식이 부족한 상태에서 하는 주식투자는 도박과 같습니다.

◆ 주식투자는 자본주의가 있는 한 존재한다 ◆

대략 10년 전 소소하게 주식을 잘하던 지인이 주변 사람들에게 종목을 추천해서 수익을 얻게 해주는 것을 본 적이 있습니다. 그 지인이 당시 저에게 "주식을 잘만 배워두면 은퇴 후에도 손가락 하나로 돈을 벌 수 있다"라고 했던 말이 기억납니다.

그때 그 말은 지금도 제 마음속에 남아 있고 저는 여전히 그분의 말이 맞다고 생각합니다. 주식은 자본주의 시장이 존재하는 한 계속 유지될 것입니다. 세상 모든 게 변해도 주식의 본질은 변하지 않고 참여자에 대한 제한도 계속 없을 것입니다. 사람은 나이가 들면 사회 구성원에서 은퇴 구성원으로 처지가 바뀝니다. 은퇴 후에도 우리가 계속 소득을 얻을 수 있는 곳이 바로 주식시장입니다.

물론 주식을 배우고 습득하는 과정이 쉽지는 않습니다. 하지만 매매 패턴을 어느 정도 깨닫고 나중에 어떤 경지에 이르게 되면 주식은 평생 함께 가는 좋은 친구가 돼줄 것입니다. 제가 지금과 같은 노하우를 쌓는 데는 5년이란 시간이 걸렸습니다. 짧다면 짧은 기간이지만 남들보다 배로 노력했고 지금은 시장·종목·차트분석 등에서 많은 노하우를 축적했지요.

현재 저는 온라인 주식 커뮤니티를 운영하면서 많은 사람들과 정보를 공유 중이며, 저에게 배운 많은 사람들이 안정적인 수익권에 도달하는 것을 지켜봐왔습니다. 물론 이분들이 수익을 내게 된 것은 저에게 배운 것에 그치지 않고 계속해서 스스로 주식을 공부하고 차트를 분석했기 때문입니다.

저 역시도 수익이 나오는 종목들을 골라 높은 승률로 매매하고 있습니다. 만약 제가 주식투자에 실패하고 있다면 주식에서 정답을 찾았다고 할 수 없으니, 여러분에게 감히 주식투자를 하라고 권하지 못하겠지요?

제가 경험한 바에 따르면 **주식차트에는 분명히 답이 있고, 주식차트를 연구하고 습득하는 사람은 반드시 그 답을 얻을 수 있습니다.** 이것이 주식을 추천하는 이유 중 하나입니다. 단, 명심해야 할 것은 주식을 처음 시작하는 사람이라면 항상 겸손한 자세로 주식시장을 대해야 한다는 것입니다.

◆ 체계적인 매매 시스템이 답이다 ◆

주식투자에서 성공하기 위해서는 무엇보다 체계적인 매매 시스템을 찾는 것이 우선입니다. 어디쯤에서 진입해야 하고 어디쯤에서 빠져나와야 할지 본인이 알아야 한다는 말입니다. 그러기 위해서는 정말 많은 시간을 차트분석에 투자해야 합니다. 차트를 보면 다 제각각으로 보이지만 몇 가지 패턴이 정해져 있습니다. 주가는 특정 신호 이후 상승 혹은 하락하는데 몇 가지 패턴이 분명히 존재합니다. 이러한 패턴을 다 알 필요는 없으며 자신이 아는 일부만 찾아도 매매가 가능합니다.

뒤에서 몇 가지 매매 패턴을 알려드리겠지만, 중요한 것은 완전히 눈에 익숙해지도록 그 패턴을 반복해서 익히고 파악하는 것입니다. 다시 한번 말하지만 차트는 제 각각으로 보여도 비슷한 패턴이 있습니다. 이 말은 곧 패턴 파악을 못 하면 모든 차트가 다 다르게 보인다는 말과 같습니다. 이렇게 되면 매매에 성공할 확률이 현저히 줄어듭니다.

그러므로 이 과정을 안정적으로 소화하기 위해서는 무리가 되지 않는 선에서 소액으로 매매하거나, 본격적인 투자 전에 모의투자로 매매하는 연습을 많이 해두는 것이 좋습니다.

초보자들이 매매 실수로 손해를 볼 확률은 거의 100%입니다. 주식투자에 익숙해지기 전까지는 시야가 좁아서 자주 실수하게 되는데, 소액 매매나 모의투자는 혹여 실수하더라도 큰돈을 잃지 않게 해주는 안전망 역할을 합니다.

◆ 세력을 알면 차트가 보인다 ◆

차트 유형이 몇 가지 패턴으로 나뉘는 이유는 세력 때문입니다. 여기서 말하는 세력이란 차트를 좌지우지하는 소위 큰손들을 말합니다. 차트에 조금이라도 관심이 있다면 장기간 박스권에 갇혀 있던 주가가 갑자기 급등한 후 빠르게 급락하는 모습을 종종 보셨을 겁니다. 이러한 차트 패턴은 쉽게 볼 수 있으며 이런 현상을 만드는 것이 바로 세력입니다.

주식시장에는 큰돈을 굴리면서 차트를 장악하는 세력들이 존재합니다. 이 세력들이 급등하는 종목을 만드는데 이들의 목적 역시 수익을 얻는 것입니다. 이들이 원하는 수익을 얻기 위해 필요로 하는 과정을 나타낸 것이 바로 다음에 나오는 차트입니다. 이렇게 세력의 움직임에 따라 주가가 상승하거나 하락하는 종목을 '세력주'라고 합니다.

다음 차트를 보면 장기간 박스권에 갇혀 횡보하던 주가가 어느 시점에서 급등했다가 이후 급락하는 패턴을 볼 수 있습니다. 이는 시장을 인위적으로 움직이는 세력이 목표했던 수익률에 도달한 뒤 가지고 있던 물량을 털고 나오는 과정에서 볼 수 있는 패턴입니다.

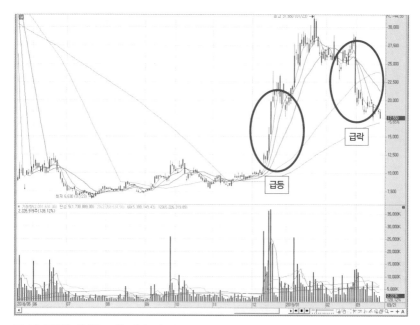

급등 후 급락하는 형태를 보이는 세력주의 공통적인 패턴

세력주는 어느 종목을 막론하고 '목표 수익 실현'이라는 동일한 목적을 가집니다. 그래서 패턴도 동일할 수밖에 없습니다. 만약 이러한 패턴을 파악할 수 있다면 개인 투자자도 얼마든지 주가가 상승할 때 들어가고, 내려갈 때 빠지는 고수의 투자가 가능합니다.

경험의 힘은 결코
무시할 수 없다

◆ 주식투자 불변의 실패 코스 ◆

주식의 특이한 점은 잃은 돈을 복구하려면 잃은 만큼이 아니라, 이를 상회하는 더 큰 수익을 내야 한다는 점입니다. 예를 들어 1,000만원을 투자했는데 -10% 손실이 나면 100만원의 손실금이 발생합니다. 나머지 900만원으로 원금 1,000만원을 회복하려면 이때는 10%가 아닌 11.1%만큼 수익을 내야 합니다. 여기서 수수료와 세금을 제하면 11.1%보다 더 높은 수익률을 얻어야 하죠.

대다수의 투자자들이 손실을 반복하고 이 손실을 만회하기 위해 투자하지만, 손실이 발생할수록 높아지는 목표 수익률을 따라가지 못해 실패의 늪에 빠지고 맙니다. 여기서 일반 투자자들에게 공통적으로 발생하는 주식투자 실패 사이클을 그려보겠습니다.

주식투자 실패 사이클

1단계: 매매 실패 후 원금을 찾겠다는 의지 발생

2단계: 잃은 금액 이상으로 수익률을 올려야 한다는 부담감 작용

3단계: 높은 수익률 장벽으로 인한 투자 실패

4단계: 분노와 답답함으로 인해 이미 고점인 종목 재매수

5단계: 빠른 수익률을 얻기 위한 고위험 테마주를 고점에 매수해 손실 폭 증가

6단계: 투자금 소진 이후 1~5단계 반복

주식투자에서 한 번이라도 실패를 경험한 사람이라면 이 사이클에 공감하실 겁니다. 사람들의 투자심리는 대부분 비슷하거든요. 처음에는 투자로 시작해도 어느새 투자가 도박으로 변모하면서 감정을 주체하지 못하고, 타인의 매매 동향을 막연하게 따라하는 뇌동매매를 반복하게 됩니다.

논리는 단순합니다. 다수의 법칙에 의해 나도 남들처럼 주식시장에서 돈을 잃을 가능성이 크다는 것입니다. 그럼 어떻게 해야 할까요? 주식투자를 하지 말아야 할까요? 저는 자신이 없으면 물러서는 것도 좋은 선택이라고 생각합니다. 하지만 주식은 어디까지나 위험을 담보해야 하는 투자이기에 지나치게 보수적이고 소심한 사람들은 주식매매에 서툰 경우가 많습니다. 이때 위험을 감수하거나 스트레스를 받으면서까지 주식매매를 할 필요는 없습니다.

◆ 경험하지 못한 것은 일단 경계하자 ◆

앞서 언급한 것처럼 저는 주식매매를 시작할 때 처음부터 많은 현금을 투자하지 않았습니다. 그 이유는 저 자신의 판단을 믿지 못했고, 제가 아직 주식시장을 잘 모른다는 사실을 인정했기 때문입니다.

저는 주식투자로 큰 수익을 얻는 사람을 직접 보았습니다. 그 사람은 본인만의 확실한 매매 시스템을 갖추고 있었습니다. 그 모습을 보고서 저 역시도 시스템만 잘 갖추면 돈을 벌 수 있으리라 생각하고, 체계적인 매매 시스템을 갖추는 것을 목표로 주식을 시작했습니다.

다만 주식투자를 시작할 당시 제게는 고수들이 지닌 시스템이 없었기 때문에 만약 수익을 내더라도 운이나 우연일 뿐 진정한 제 실력은 아닐 거라고 생각했습니다.

그래서 저는 모의투자로 주식을 시작했습니다. 제 실력을 충분히 검증한 뒤에 현금 비중을 천천히 늘려가자는 계획이었죠. 모의투자란 가상 화폐로 실제 시장에서 반영되는 주식들을 사고파는 것입니다. 실전투자와 시스템은 같되 돈만 가짜일 뿐입니다. 각자 사용하는 증권사를 통해 신청하면 되는데 저는 기존에 주식계좌를 가지고 있던 키움증권사를 이용했습니다. 신청 방법은 어렵지 않으니 직접 모의투자에 도전해 보길 바랍니다.

키움증권(www.kiwoom.com) 상시모의투자 신청 화면

◆ 선(先) 모의투자 검증, 후(後) 실전투자 ◆

처음 시작한 제 모의투자의 결과는 어땠을까요? 처음이라 당연히 성적이 좋지 않았습니다. 모의투자를 시작할 당시에는 이상하게도 알 수 없는 자신감이 넘쳤습니다. 근거 없는 자신감이라고나 할까요? 어쩐지 제게 주식투자에 타고난 소질이 있을 것 같고 사는 종목마다 오를 것 같다는 이상한 믿

음(?)이 샘솟았습니다. 왠지 모를 자신감에 주식을 사는 족족 수익권에 도달할 거라는 달콤한 상상에 빠져들곤 했습니다. 지금은 모의투자를 하고 있지만 마음속으로는 '대충 연습을 끝내고 얼른 실전투자를 시작하자!'라고 다짐했지요.

모의투자를 시작하기 전에도 제게 매매의 기준이나 지식은 없었습니다. 그냥 막연히 '운'을 기대하면서 시작했죠. 순전히 자신감만으로 주식을 잘할 수 있을 거라고 믿었던 것입니다.

그러나 현실은 달랐습니다. 가상의 금액이지만 1,000만원어치 주식을 매수한 뒤 몇 분 지나지도 않아 주가가 내려가 -1%, 10만원의 손실금이 발생하기도 했고, 당일 시장 상황이 나빠 천천히 주가가 내려가면서 오전에 매수했던 종목이 당일에만 -3% 이상 빠지는 상황에 직면하기도 했습니다. 주식을 1,000만원어치 매수해서 -3% 손실을 입었으니 당일에만 30만원이란 거금이 증발해 버렸죠. 이렇게 돈을 잃는 것이 정말 순식간이라는 것을 경험하게 되었습니다.

이런 과정을 초반에 몇 번 눈으로 보며 직접 경험하니 내가 과연 실전투자를 할 수 있을까 싶어서 위축되기도 했습니다. 이게 실제 돈이었다면 나는 오늘 '눈 깜짝할 사이에 30만원을 잃었구나' 하는 생각이 들었습니다. 그래서 저는 '무조건 성공하는 완벽한 투자 기법이 없을까?'를 염두에 두고 주식 공부를 시작했습니다. 그리고 직접 검증한 기법을 모의투자에 대입했죠.

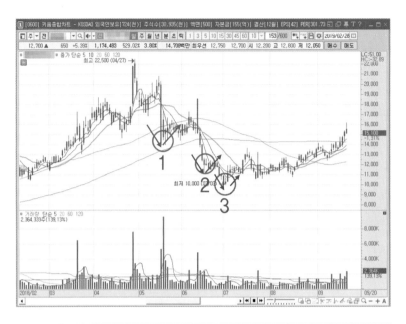

고점 기준으로 바닥 반등이 3번 발생한 차트 예시

◆ 세상에 완벽한 매매 기법은 없다 ◆

하지만 어느 기법이나 리스크는 존재했습니다. 저는 주가가 바닥을 3번 찍은 차트의 반등을 노리는 매매 기법을 선택해서 연구했습니다. 이 기법은 차트상 고점을 기준으로 주가가 바닥을 3번 찍으면 이를 바닥으로 보고 매수에 돌입하는 것입니다.

왼쪽의 차트들을 보면 고점을 찍은 주가는 강하게 밑으로 내려오면서 바닥을 찍고 잠깐 보합이나 반등의 움직임을 보입니다. 이 패턴이 3번 반복되면 이때를 바닥으로 예상하고 매매에 돌입하는 기법입니다.

몇 번의 검증을 통해 실전에도 써먹었지만 저는 이 기법으로 크게 효과를 보지는 못했습니다. 몇 번은 성공을 거뒀으나 또 몇 번은 예상보다 더 큰 폭으로 하락해 손실 비율이 커졌기 때문이죠. 이 경험을 통해 저는 크게 하락하는 종목에서는 추가로 더 큰 하락이 올 수도 있다는 리스크를 배우게 되었습니다.

이렇듯 하나의 기법을 체득하기란 쉬운 일이 아닙니다. 여러 번 확인 및 검토가 필요합니다. 저는 이런 과정을 통해 차트의 성격을 하나씩 깨우치게 되었고, 이렇게 꾸준히 공부하고 배우면서 수익이 조금씩 늘어나고 적중률이 높아지는 것을 경험했습니다.

◆ 경험과 유연한 대응이 필요한 주식시장! 운은 없다 ◆

저는 모의투자를 통해 공부와 매매 경험을 동시에 쌓으면서 확실한 매매 시스템을 갖추려고 노력했습니다. 때로는 매매 기법이 전혀 먹히지 않을 때도 있었습니다. 이는 시장이 상승 국면에서 하락 국면으로 접어들거나, 테마가 사라짐에 따라 테마주로 등극했던 종목들에서 자금이 이탈하는 경우 등이라는 것도 배우게 되었습니다.

수차례 모의투자를 거치면서 시장의 하락과 테마주의 재료 소멸 등을 경험하며, 주식시장에 단순한 기법으로 덤빌 것이 아니라 다양한 경험과 유연한 대응으로 헤쳐 나가야 한다는 사실을 깨우치게 된 것입니다.

이후 저는 국내 주식시장인 코스피와 코스닥 흐름의 분석을 시작했습니다. 모의투자로 쌓은 매매 성공과 실패의 경험이 객관적인 분석을 가능하게 해주었죠.

만약 모의투자가 아니라 실제 돈을 이렇게 투자해서 잃어버렸다면, 아마도 잃은 금액을 한시라도 빨리 되찾고 싶은 마음에 아무 종목이나 다시 매매했을 것입니다. 그랬다면 주식을 배우기는커녕 제게는 손해와 상처만 남았을 것이 뻔합니다.

◆ 연습 기간은 누구에게나 필요하다 ◆

저와 같이 모의투자로 시작해도 좋고 스스로 부담스럽지 않을 만큼 소액으로 주식매매를 시작해도 좋습니다. 다만, 연습하는 기간만큼은 수익을 내서 돈을 벌겠다는 마음가짐을 내려놓으세요.

주식시장에서 무모한 이들이 맞는 결말은 계좌 손실 후 시장 퇴출이라는 사실을 기억하세요. 나라고 예외가 될 수는 없습니다. 반대로 주식에서 꾸준히 수익을 얻는 이들은 이 모든 과정을 거친 후에 지식과 경험으로 승부하는 이들이라는 사실 또한 기억하시길 바랍니다. 주식시장은 생각만큼 만만한 곳이 아닙니다.

이 책을 읽는 여러분은 직접 실패를 경험하는 일 없이, 저의 실패와 성공을 간접적으로 경험하고 이를 투자의 자양분으로 삼길 바랍니다. 여러분이 이 책의 내용을 잘 이해하고 실천한다면 저와 마찬가지로 주식투자를 하며 손실을 피하고 수익을 낼 수 있을 것입니다.

"돌다리도 두들겨보고 건너라"라는 격언처럼, 주식시장이 어떤 곳인지 연습 기간을 통해 충분히 경험한 뒤에 주식투자에 접근해도 늦지 않다고 봅니다.

성공한 고수들의
100% 공통점

◆ 매번 운을 기대할 수는 없다! ◆

앞에서 실패한 투자자들에 대해 이야기했다면 이번에는 성공한 주식 고수들의 공통점에 대해서 이야기해 보려고 합니다. 어떤 이들은 주식을 '운(運)'이라고 말합니다. 이 말을 부정하진 않겠습니다. 주식시장에서는 실제로 다양한 변수가 작용하여 운을 통한 수익 또는 불운을 통한 손실이 언제든지 일어날 수 있기 때문입니다.

하지만 운만으로 주식투자를 할 수는 없습니다. 축구를 예로 들어볼까요? 축구선수가 경기를 위해 전략을 세우고 훈련을 통해 개인 기량을 높이면 당연히 승패에 유리하겠지만, 단순한 운이 승패를 가를 때도 간혹 있습니다. 이럴 때 보통은 운이 좋아서 이겼다고 말합니다.

하지만 그 운이라는 것이 항상 적용되지는 않습니다. 한 시즌 내내 1위를 유지하는 팀이 단지 운만으로 그 자리를 유지한다고 보기는 어렵기 때문입니다. 어쩌다가 한 경기는 운으로 이길지 몰라도 매번 운이 작용하지는 않을 테니까요. 마찬가지로 주식투자도 운만으로 할 수는 없습니다. 기본적인 실력과 지식을 겸비한 뒤에야 시장에서 운이 작용할 수도, 실력이 적용될 수도 있는 것입니다.

이런 말을 장황하게 늘어놓는 이유는 개인 기량을 키워 주식 고수가 된 이들이 많기 때문입니다. 저는 그간 주식 커뮤니티를 운영하면서 다양한 주식 고수들을 만나 이야기를 듣고, 그중 몇몇 분과는 친분을 쌓고 소통하고 있습니다. 그분들의 손익률과 노하우는 제각각이었지만 공통적으로 발견되는 몇 가지 특징이 있었습니다.

◆ 내가 만난 주식 고수들 ◆

부업 투자자에서 전업 투자자가 된 워킹맘

어느 날 제가 운영하는 커뮤니티의 회원 중 하나가 자신을 워킹맘이라고 소개하며 조언을 구했습니다. 그분은 워킹맘인데도 불구하고 직장에 다니면서 주변 사람들에게 주식을 추천해서 수익을 안겨주는 분이었습니다. 그분이 직장을 그만두고 주식을 전업으로 삼아야 할지 고민하며 의견을 구할 때, 전업 주식투자자의 고뇌와 어려움에 대해 약간의 조언을 해드린 적이 있습니다.

그분의 가장 큰 고민은 직장생활과 주식투자를 겸하다 보니 육아에 집중하지 못하는 것이었습니다. 그분은 매일 잠을 4시간씩만 자고 그 외의 시간에는 항상 주식차트를 본다고 했습니다. 직장 퇴근 후 오후 7시부터 10시까지는 아이를 돌봐 재우고 그 뒤에 새벽 3시까지 차트를 보는 셈이었죠. 매일같이 하루 5시간 이상을 차트를 보는 데 투자하며 종목을 뽑고 있었습니다.

그렇게 계속 주식지식을 쌓으며 주변에 나누다 보니 어느새 추종하는 팬이 150명 넘게 생겼습니다. 그분은 이후 직장을 그만두고 전업 투자자로 전향했습니다. 하루도 빠짐없이 5시간씩 차트를 보는 집중력과 끈기가 이분을 고수로 만들어줬다고 생각합니다.

실패 이후 공부로 재기한 주식 고수

은퇴 후 주식 전업 투자자의 길을 선택했다가 가진 돈을 다 잃고 가족과 관계까지 단절된 주식 고수가 있었습니다. 그로 인해 잠시 방황하기도 했으나 더 이상 갈 곳이 없어진 나머지 다시 주식을 붙잡고 공부에 공부를 거듭한 결과, 다행히 수억원의 잔고를 복구할 수 있었습니다.

저와는 잠시 이야기를 나눴을 뿐이지만, 그분은 깡통을 찬 이후 곧바로 정신을 차리지 못하고 방황한 시간을 무척 아까워했습니다. 다시 정신 차리고 매매를 시작한 지 불과 5년밖에 지나지 않았던 것으로 기억합니다. 그분이 도박이 아닌 진정성 있는 연구와 공부로 주식에 접근했기에 다시 일어설 수 있었던 게 아닐까요?

◆ 고수들도 한 번쯤 깡통 찬 경험이 있다 ◆

손실에 손실을 거듭하여 계좌 잔고가 바닥난 것을 가리켜 "깡통 찼다"라고 말합니다. 주식 고수로 불리는 사람들에게 공통적으로 깡통 찬 경험이 있다는 것은 어찌 보면 놀라운 사실입니다(물론 고수가 아니어도 깡통은 많이 찹니다).

주식시장에서 왜 깡통을 차게 되는 걸까요? 앞서 말했듯이 경험 없이 뛰어들기 때문입니다. 무턱대고 주식투자를 시작하면 결코 높은 수익을 얻을 수 없습니다. 백날 말해줘도 대부분이 한 번쯤은 깡통을 찬 뒤에야 정신을 차립니다. 그동안 잃은 돈을 생각하면 속이 쓰리고 의욕도 없어지기 일쑤지만, 실패의 원인을 분명히 알았으니 다시금 실패를 반복하는 어리석은 행위는 하지 않게 되는 것이죠.

중요한 건 깡통을 찬 이후의 마음가짐입니다. 자신이 왜 실패했는지를 정확하게 알지 못한 채 이미 잃어버린 돈에만 집착하여 다시 주식투자를 한다면 결과는 똑같을 것입니다. 깡통을 찬 상태에서 다시 일어서는 길은 그동안 했던 실수를 반복하지 않는 길 외에는 없습니다. 깡통을 찬 뒤에야 객관적으로 볼 수 있게 되고, 자신이 했던 실수를 다른 개미들도 저지르고 있다는 사실과 오직 성공하는 이들만이 대다수의 개미들과 다른 길로 가고 있음을 깨닫게 됩니다. 제가 장담하는데, 이러한 깨달음을 빨리 얻을수록 주식을 잘하게 되기까지 걸리는 시간을 단축할 수 있습니다. 실패에만 연연하고 집착하는 태도는 반드시 또 다른 실패를 불러오게 마련입니다.

이렇듯 깡통을 찬 경험, 실패한 경험은 자신을 돌아보는 중요한 계기를 제공합니다. 소문에 휩쓸리지 않고 자신만의 원칙을 세워 고수하겠다는 마음가짐을 선물하며 강한 정신력으로 무장해 주죠.

저는 깡통을 차 본 경험은 없지만 모의투자에서 큰 손실을 입은 적이 있습니다. 모의투자가 아닌 실전투자였다면 저 역시 깡통 차는 대열에 동참했을 것입니다. 여러분에게 반드시 실패를 경험해 봐야 한다고 권하는 것은 아닙니다. 다만, 초보 주식투자자에게는 늘 실패라는 문이 열려 있음을 염두에 두고 소액 혹은 모의투자로 시작하기를 바랍니다.

◆ 고수들은 실패하면 소액으로 다시 시작한다 ◆

생각해 보면 깡통을 찬 주식 고수들이 큰돈을 끌어와 주식을 다시 시작할 리가 없죠. 돈이 없으니까요. 그들이 가용할 수 있는 자금은 보통 1,000만원 이하였을 겁니다.

사실 주식투자의 가장 큰 매력은 소액으로도 크게 돈을 불릴 수 있다는 점입니다. 대부분 목돈을 투자해야 크게 벌 수 있다고 생각합니다. 틀린 생각은 아니지만 꼭 그렇지는 않습니다.

주식투자의 진짜 매력은 '복리(compound interest)'에서 찾을 수 있습니다. 복리는 투자로 얻은 수익금과 원금을 재투자하여 원금을 불려 수익금을 늘려나가는 방식을 말합니다.

예를 들어 100만원을 투자하여 수익률 10%를 기록하면 10만원의 수익금이 발생합니다. 이때 회수한 원금과 수익금을 합한 110만원을 재투자하여 또 수익률 10%를 기록하면 121만원이 됩니다. 횟수가 두 번뿐이라 미미해 보이겠지만, 이 방법대로 열 번 성공하면 다음과 같은 수익금이 발생합니다.

기간	수익	총금액	수익률
1일	100,000원	1,100,000원	10.00%
2일	110,000원	1,210,000원	21.00%
3일	121,000원	1,331,000원	33.10%
4일	133,100원	1,464,100원	46.41%
5일	146,410원	1,610,510원	61.05%
6일	161,051원	1,771,561원	77.16%
7일	177,156원	1,948,717원	94.87%
8일	194,871원	2,143,588원	114.36%
9일	214,358원	2,357,946원	135.79%
10일	235,794원	2,593,740원	159.37%

원금 100만원으로 10일 동안 날마다 10%의 수익률을 올렸다면 수익금은 100만원으로 총 합산 금액이 200만원에 그치겠지만, 복리 방식으로 매매할 경우 수익금이 이보다 약 59% 이상 더 발생하는 결과가 나옵니다. 물론 단순히 계산한 것이고 횟수도 열 번뿐이지만, 매매 시스템을 갖춰 지속적으로 수익을 얻는다면 복리 누적의 힘에 의해 기하급수적으로 돈이 불어납니다. 주식 부자가 된 사람들은 모두 이 방식으로 성공했다고 봐도 됩니다.

복리 효과를 이용하여 주식투자로 큰 수익을 얻으려면 목돈이 아니라 안정적인 매매 시스템을 갖춰 꾸준히 성공해야 합니다.

소액으로 매매하면서 경험을 쌓고 훈련해야 차후 목돈을 운영할 수 있는 능력과 기술이 생깁니다. 이를 바탕으로 꾸준한 수익을 얻는 매매 시스템을 갖출 수 있습니다.

◆ 매매 기술이 수익으로 이어진다 ◆

주식에 대해서 잘 모른다면 처음부터 수익을 내려고 하기보다는 자신만의 매매 기술을 익힐 생각부터 해야 합니다. 즉 어떤 매매 기법이 나에게 맞는지, 어떤 종목에서 수익이 잘 나오는지 경험을 쌓아야 합니다. 그리고 이모든 것을 정립한 뒤에는 원칙을 고수하는 굳은 심지가 필요합니다.

원칙을 지킨다는 것은 손실이 나든 수익을 얻든 정한 대로 따른다는 것입니다. 그런데 초보자들은 거의 다 이 원칙을 지키지 않습니다. 왜 거의 다라고까지 말하는 걸까요? 실전매매는 이론과는 다르고, 개인의 욕심과 미련이 매매를 망친다는 사실을 초보자들은 잘 모르기 때문입니다. 고수들은 이런 사실을 잘 알기에 원칙을 고수합니다. **매매 기술과 원칙이 만나서 매매 시스템이 완성되고 이를 통해서 지속적인 매매 수익이 발생한다는 원칙을 말이죠.**

또 초보자들은 계좌에 조금만 손해가 나도 겁에 질려 쉽사리 매도하고, 다른 종목을 덜컥 사들이거나 빚을 내서 더 매수하곤 합니다. 이는 초보자들의 공통적인 심리여서 쉽게 무너지는 만큼 손실도 더욱 커집니다.

◆ 손실을 입어도 의연해지기까지 ◆

기술을 갖추고 원칙을 지키라는 말은 참 쉽지만 실제로 실천하기는 무척 어려운 영역임이 분명합니다. 저 역시도 손실이 난 당일은 손실 난 금액을 복구하고 싶은 유혹을 받기 때문입니다. 보통 이럴 때 이성을 배제한 채 감정적으로 매매하기 쉽습니다. 하지만 통계를 내보면 감정에 치우쳐서 매매할 때 손실이 누적될 가능성이 높아집니다. 이처럼 원칙을 고수하지 않는 것은 매매 기술과 노하우를 아는 것과 상관없이 참담한 결과를 초래하기에 충분합니다.

제가 원칙을 고수하기 힘들었던 시기는 다름 아닌 매매 자산 비중을 늘리는 시점이었습니다. 매매하는 돈 단위가 커지다 보니 원칙을 고수하기가 점점 힘들어졌습니다. 처음에 주식투자를 연습할 때는 투자금액이 100만원 단위였는데 1,000만원 단위로 종목당 투자금액이 올라가니 수익률이 -1%만 되어도 -10만원의 손실이 발생했습니다. 여기서 추가로 1%만 더 하락해도 -20만원이 되다 보니 이때부터는 공포감에 매도하고 싶은 심리에 사로잡혀 버렸습니다. 단위가 커지니 오히려 더 쉽게 매도하고 또 매수하게 되었습니다. 손실이 더 커질까 봐 무서워서 더 쉽게 매도하고, 손실을 입었으니 만회하려고 더 쉽게 매수하게 된 것이죠. 이 과정을 넘어서기까지 몇 번의 실패가 더 필요했고 저는 다행히 정신을 차릴 수 있었습니다.

매매 기술을 그대로 실천하고 원칙을 지키기란 이렇듯 힘듭니다. 주식투자에 뛰어든 우리가 반드시 기억해야 할 것은 주식 고수들은 모두 자신만의 매매 기술과 원칙을 고수한다는 것과 원칙을 지키지 않는 고수는 없다는 것입니다.

지금까지 제가 이야기한 내용들은 여러분이 실전에서 스스로 경험하며 깨달아야 하는 부분입니다. 부디 빠른 시일 안에 주식매매에 성공하는 고수들의 공통점을 파악하길 바랍니다. 이 원리를 빨리 깨달을수록 성공하는 주식투자자에 가까워질 것입니다.

2부

세력주
패턴을 읽으면
돈의 흐름이
보인다

왜 세력주에
투자해야 하는가?

◆ 큰손을 알아야 수익이 보인다! ◆

왜 세력주를 공부해야 할까요? 주식을 어느 정도 해본 사람이라면 시장을 주도하는 돈의 흐름은 결국 '자본 세력'에 의해 좌우된다는 것을 알 것입니다. '세력주'란 큰돈을 지닌 자본 세력이 개입한 종목을 말합니다.

이것은 불법적인 매매를 가리키는 것이 아닙니다. 증권 뉴스에서 외국인이 얼마나 사고팔았는지에 따라 주식시장이 영향받는 모습을 종종 볼 수 있습니다. 이렇듯 외국인에 의해 국내 주식시장이 요동치는 이유는 국내에 유통되는 자금 규모보다 세계에서 유입되는 자금 규모가 더 크기 때문입니다. 이런 상황에서 외국인이 어떤 업종의 주식을 샀는지에 주목하는 것은 지극히 정상적인 판단 기준이라고 할 수 있습니다.

◆ 호재가 내 귀에 들어올 때는 이미 늦었다 ◆

외국인이든 기관이든 어느 세력의 돈이 유난히 많이 몰린 종목을 저는 '세력주'라고 말합니다. 특별한 뉴스나 호재가 없음에도 특정 종목에 큰돈이 들어왔다는 것은 곧 뭔가 호재가 있으리라는 잠재적 암시라고 볼 수 있기 때문입니다.

개인 투자자들은 정보가 느립니다. 호재를 다룬 뉴스는 항상 관련 종목이 이미 오르고 난 뒤에 뜨는데, 이때 주식을 사면 이미 고평가된 뒤라서 저렴할 때 사들인 누군가의 차익실현만 도울 뿐입니다. 이후 급락하면 결국 손해를 보는 것은 뒤늦게 합류한 개인 투자자일 수밖에 없는 것이죠. "소문에 사고 뉴스에 팔아라"라는 주식 격언처럼 단순히 호재나 뉴스를 보고 사들인 종목 매매로 성공하기란 무척이나 힘듭니다.

하지만 호재를 담은 뉴스가 뜨기 전에 차트분석을 통해 상승할 종목을 미리 발굴한다면 어떨까요? 그렇게만 된다면 고평가된 주식을 뒤늦게 사는 일은 피할 수 있을 것입니다. 차트분석은 곧 호재가 있을 큰돈의 흐름을 파악하는 동시에 세력주를 분석하는 것이기도 합니다.

◆ 세력주에는 공통된 패턴이 존재한다 ◆

만약 세력주에 공통된 패턴이나 움직임이 없다면 분석은커녕 세력주라고 부를 만한 종목도 없을 것입니다. 하지만 세력주는 특정한 패턴을 보이기에 우리는 그 패턴을 읽어서 수익을 실현할 수 있습니다. 이러한 패턴을 파악하고 차트를 분석하여 매수매도 타이밍을 알아낸다면 세력주라고 해서 특별히 어려울 것도 없습니다.

세력주는 생각보다 단순한 원리로 움직입니다. 세력들이 굴리는 돈은 규모가 커서 한 회사의 주식을 사들일 때면 '거래량'에 흔적이 드러납니다. 주식차트에는 그날 거래된 거래량을 보여주는 지표가 있는데, 이것을 통해서 비정상적인 거래량 행보를 확인하면 됩니다.

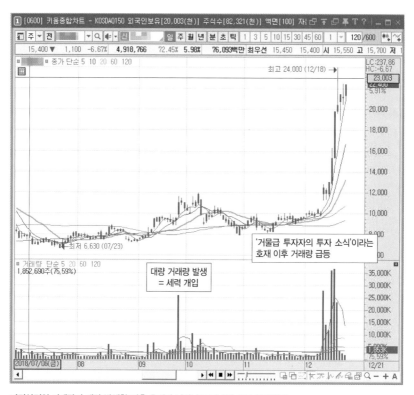

비정상적인 거래량이 대량 발생한 이후 호재가 나타나 주가 상승으로 이어졌다.

왼쪽의 차트에서도 평소 거래량의 5배가 넘는 거래량이 발생하더니, 3개월 뒤 호재 뉴스가 터지고 주가가 상승하기 시작했습니다.

이처럼 세력들이 움직이는 자금은 규모가 커서 개인 투자자도 손쉽게 차트에 나타나는 거래량을 보고 수급을 확인할 수 있습니다. 그리고 이런 거래량 뒤에는 마치 정해진 공식처럼 주가가 오르는 현상을 접할 수 있습니다. 이렇게 수급이 잘되는 종목들은 호재를 담은 뉴스와 함께 주가가 오르기 시작해 한 달 이내에 두 배가 넘게 상승하기도 합니다.

여기서 한번 생각해 볼까요? 어떤 주식은 1년 넘게 기다려야 두 배가 오르는데, 세력주라고 판단되는 주식은 단 며칠 만에 두 배가 오릅니다. 그러니 주식투자로 빠른 수익을 얻고 싶다면 세력주에 대해 필수적으로 알아야겠지요.

그럼 지금부터 세력주를 어떻게 분석하고 이해해야 하는지 함께 알아보도록 하겠습니다.

주가를 움직이는 큰손을 알면
세력주가 보인다

◆ 큰돈을 좌지우지하는 세력들 ◆

주식시장에서 세력이란 차트를 만들고 움직이는 그룹을 말합니다. 외국인, 기관 또는 큰돈을 움직이는 거대 투자자들이 바로 그 주인공입니다.

그런데 어떤 세력은 주가를 의도적으로 조작하여 시세를 조종합니다. 실제로 뉴스나 신문 기사에서 주가 조작 세력으로 인해 피해를 입은 개인 투자자들의 사례를 자주 접할 수 있습니다. 주가를 인위적으로 조작하는 행위는 명백한 불법 행위이므로 이런 종류의 세력들은 은밀하게 뒤에서 일을 벌입니다.

이들이 어떤 주식을 쥐고 있고, 어떻게 작전을 수행하는지 확실하게 알 수는 없습니다. 어쩌면 혹시 이들은 눈에 보이지 않는 허상이 아닐까요? 그건 아닙니다.

주식투자를 해본 사람이라면 누구나 한 번쯤은 '종목에 작전 세력이 개입하여 주가를 인위적으로 끌어올렸다'는 내용의 기사를 본 적이 있을 것입니다. 이런 기사는 심심치 않게 볼 수 있죠. 이는 불법이기에 금융감독원에 적발되면 법의 철퇴를 맞습니다. 이렇게 걸리는 회사들도 있는데, 하물며 걸리지 않게 몰래 주식을 장악하여 시세를 조정하는 세력이 없을까요?

참고로 주식 물량을 많이 들고 있을수록 호가를 장악하기 쉽기 때문에 주가를 조작할 때는 대주주와 함께 진행하는 경우가 많습니다. 이 과정에서 수많은 개인 투자자들이 한창 오르는 주식에 현혹되어 들어갔다가 돈을 잃곤 하죠. 주가 조작의 결말은 아무것도 모르는 개인 투자자들의 손해로 끝나는 경우가 태반입니다.

◆ 세력이 개입하면 반드시 오른다 ◆

세력들이 쥐고 있는 주식은 '반드시' 오르는 특성이 있습니다. 바로 이 특성이 세력주를 단순하게 만듭니다. 세력들은 특정 종목의 호재와 회사 스케줄을 꿰고 있습니다. 그들이 큰돈을 주식에 과감하게 투자할 수 있는 것은 일반인은 모르는 확실한 '정보'를 쥐고 있기 때문입니다. 이는 곧 세력이 타깃으로 삼은 종목을 미리 사놓으면 그들이 준비한 호재가 무엇인지는 몰라도 내가 사놓은 주식도 함께 오르는 경우가 생긴다는 뜻입니다.

하루에도 수백 개 종목의 주가가 오르고 내리는 와중에 세력들은 은밀하게 또는 대량으로 주식을 사들입니다. 작전 세력주의 경우는 무척 빠른 시일 안에 주가가 최소 2배에서 많게는 10배나 상승합니다. 이런 특성 때문에 많은 사람들이 세력주에 관심을 가집니다. 오랫동안 돈을 묵혀야 하는 가치주와 대조적으로 세력주는 단 며칠 만에 큰 폭으로 오르니 관심을 안 가질 수가 없는 것입니다.

2018년 주가 조작 혐의가 있었던 한 기업의 차트를 예시로 살펴보겠습니다. 아래 차트를 보면 2017년 11월부터 2018년 3월까지 불과 5개월 만에 주가가 10배나 급등했습니다. 물론 이유 없이 오른 것은 아닙니다. 여러 가지 이슈와 보도로 투자자들이 몰려들며 10배나 급등한 것이죠. 당시 이 기업의 치료제 개발이 적극적으로 알려지자 많은 투자자들이 관심을 보였습니다.

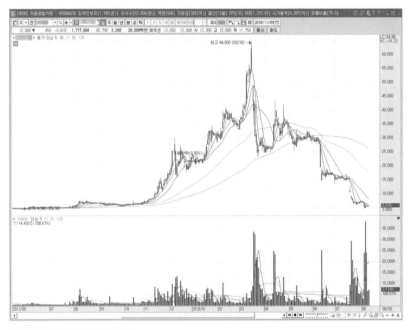

주가가 5개월 만에 10배나 급등했다.

관련 기사 헤드라인

이와 관련하여 주가 조작 실체를 밝히기 위한 법정 공방이 현재까지도 진행 중입니다. 이 사례에서 우리가 알아야 할 것은 세력주가 금융감독원에서 의혹을 제기할 만큼 강한 상승을 보인다는 사실입니다.

뉴스 보도를 신뢰하는 투자자들의 심리를 이용하여 주가를 올린 후 비싼 가격에 주식을 팔고 나오는 것이 세력들의 공통된 작전 전략입니다.

이처럼 적발되지 않더라도 특정 주식이 몇몇 세력에 의해 좌지우지되는 경우는 흔합니다. 그렇게 확신하는 이유는 많은 차트들이 불법 주가 조작 의혹을 받는 기업의 차트와 유사한 형태로 움직이기 때문입니다. 이런 기업의 주가가 자연스럽게 올랐을까요? 당연히 아닙니다. 오르는 차트를 만들기 위한 과정이 사전에 있었을 것입니다. 그들도 미리 사놓아야 했을 테니까요. 그 지점을 찾는 것이 바로 세력주를 발굴하는 능력이겠지요.

◆ 적을 알고 나를 알면 백전백승 ◆

주가 조작 세력들은 항상 고점에서 개인 투자자들에게 물량을 떠넘기는 전략을 구사합니다. 이는 곧 세력에 대해 모르면 뉴스 보도나 크게 오르는 차트만을 보고 고점에 들어가 세력의 의도대로 주식을 사는 경우가 생긴다는 뜻입니다. 이것은 무척 무서운 이야기입니다. 흔히 "반토막 났다", "깡통 찼다"라는 말은 이렇게 세력들이 물량을 떠넘기는 고점에 들어가 매수한 개인 투자자들에게서 나오기 때문입니다.

정상적인 주식은 결코 단기간에 반토막 나지 않습니다. 나라에 문제가 생겨 주식시장에서 일시에 많은 돈이 빠져나가거나, 회사에 부도가 나거나 혹은 회사 대표가 불법을 저질러 구속되는 경우가 아니고서는 정상적인 주식이 단기간에 50%나 하락하지는 않는 법입니다. 그러니 개인 투자자들이 크게 실패하는 사건의 배후에는 주가 조작 세력이 존재한다는 것이 진실이겠지요?

반면에 세력주들은 변동성이 높아서 잘만 대응하면 빠른 시일 안에 높은 수익을 노려볼 수 있다는 것 또한 명확한 사실입니다. 이제부터 이러한 세력주에 대응하는 전략을 알려드리겠습니다.

세력주,
누구나 할 수 있을까?

✦ 차트만 알면 어렵지 않다 ✦

세력주는 왠지 고수들의 영역 같아서 입문하기 어려워 보입니다. 제 의견을 밝히자면 초보자에게 어려운 것은 맞지만 그렇다고 아예 시도할 수 없는 것도 아닙니다. 세력주로 수익을 얻기 위해 필요한 것은 오직 차트분석 실력입니다. 저는 차트는 '언어'와 같다고 생각합니다. 외국어인 일본어, 영어, 중국어도 어렵지만 아예 배울 수 없는 것은 아니죠. 외국에 나가서 몇 년 살다보면 어떻게든 배울 수밖에 없듯, 차트도 마찬가지입니다.

✦ 차트 볼 줄 아는 사람 중 주식 못하는 사람은 없다 ✦

차트분석에 앞서서 혹시 스스로 자신감이 없다거나 또는 '내가 할 수 있을까?' 하는 의구심이 드시나요? 그렇다면 저는 여러분에게 스스로 하고자 하는 의지가 있는지 묻겠습니다. 주식차트만 죽어라 본 사람 중에서 주식 못하는 사람은 본 적이 없기 때문입니다. 이후 3부에서 차트분석의 기초를 배우고, 4부에서 수익을 내는 세력주의 핵심 패턴을 파악한다면 누구나 주식투자의 고수가 될 수 있습니다.

◆ 방해 작전에 기죽지 말자 ◆

세력주 분석이나 차트분석을 어렵게 느끼는 이유는 또 있습니다. 세력들이 자신들을 제외한 나머지 사람들이 수익을 얻지 못하게 하려고 방해 작전을 펼치기 때문입니다. 이들은 의도적으로 차트를 무너뜨리고 급락하게 만들어 손해를 입히는데, 이런 과정을 겪다 보면 초보 개인 투자자들은 점점 버티기 힘들어지고 차트분석이 막막하게 느껴지며 심지어 자신감을 잃기도 합니다.

이런 경험을 먼저 해본 입장에서 제가 여러분에게 드릴 수 있는 말은 주식은 '투자'이지 '적금'이 아니라는 것입니다. 즉 잃을 수도 있다는 사실을 받아들여야 합니다. 그러니 몇 번 손실을 입었다고 해서 기죽을 필요는 없겠지요? 다만, 자신이 손해를 보았을 때는 어떤 이유로 그랬는지 복기하는 습관을 들이는 것이 무척 중요합니다.

세력들이 큰돈을 쥐고 있기 때문에 주도권을 갖고 있는 것은 맞지만, 결국 다 사람이 하는 것이므로 패턴이 무한정인 것은 아닙니다. 손해도 공부라고 생각하고 내가 매매한 차트를 경험으로 삼아 계속 도전하다 보면, 반복되는 시장 특성상 결국 좋은 결과를 얻게 될 것입니다.

◆ 패턴을 익힐수록 실력이 쌓인다 ◆

차트분석 자체는 어렵지 않습니다. 이 책에서 하나씩 배워나가면 되고 그것을 토대로 더욱 열심히 공부해서 세력주 패턴을 익히면 됩니다. 여러분이 더 공부하고 발전하는 데 이 책이 많은 도움이 되기를 바랍니다.

제가 가장 중요하게 보는 것은 자신감과 의지입니다. 중간에 포기하지 말고 계속 분석하고 반복해서 연습하여, 자신이 잘 아는 유형의 차트만 활용해서 매매해도 승률은 나쁘지 않을 것입니다. 그러려면 많은 경험이 필요하니 일단 적극적으로 도전해 보세요!

기대심리가
세력주를 만든다

◆ 기대심리로 가치투자하자 ◆

여러분이 아는 일반적인 가치투자와 제가 말하는 가치투자는 조금 다릅니다. 보통 회사의 미래 가치를 보고 장기적인 시각으로 투자하는 가치투자와 달리, 저는 큰돈이 들어온 것을 근거로 이 회사에 앞으로 호재가 있을 것이라는 기대심리에 주식을 매매합니다.

어떤 이들은 회사가 성장하는 것이나 매출이 늘어나는 것 등을 보고 투자하겠지만, 주식이 오르는 근본적인 이유를 살펴보면 첫째는 기대심리이고 둘째는 영업이익 증가입니다. 이 두 가지 중 주가를 크게 오르게 만드는 주요인은 '기대심리'입니다. 이는 회사에 호재가 생겨서 앞으로 주식이 오를 거라고 막연히 기대하는 것입니다. 이러한 기대심리 때문에 회사가 좋은 상황으로 가지 않는데도 주식은 이와 상관없이 오르는 경우가 많습니다.

◆ 회사가 나아질 것이라는 기대감이 투자자를 모은다 ◆

세력들이 많이 매수한 종목일수록 실제 매출이 호전되기보다는 기대심리를 높이는 호재 뉴스가 터져나올 가능성이 높습니다. 실제로 어떤 종목은 매출이 호전되지 않는데도 불구하고, 2018년도 초반에 오로지 회사가 성장할 것이라는 기대치만으로 주당 10,000원 부근이었던 주가가 150,000원으로 뛰어오른 적이 있습니다. 당시 개발 중인 항암 바이러스 치료제의 임상 실험 호재 덕분에 주가가 연일 상승 중이었죠.

기업실적분석										더보기 ›
	최근 연간 실적				최근 분기 실적					
주요재무정보	2016. 12	2017. 12	2018. 12	2019. 12 (E)	2017. 12	2018. 03	2018. 06	2018. 09	2018. 12	2019. 03 (E)
	IFRS 연결	IFRS 연결	IFRS 연결	IFRS 연결	IFRS 연결	IFRS 연결	IFRS 연결	IFRS 연결	IFRS 연결	IFRS 연결
매출액(억원)	53	69	77	77	22	22	21	23	12	
영업이익(억원)	-468	-506	-590	-723	-135	-147	-154	-170	-120	
당기순이익(억원)	-740	-570	-562	-731	-167	-141	-135	-173	-114	
영업이익률(%)	-884.76	-737.35	-765.60	-938.96	-608.31	-672.49	-744.81	-736.25	-1,038.20	
순이익률(%)	-1,398.97	-830.62	-729.20	-949.35	-756.43	-645.29	-651.17	-749.35	-988.24	
ROE(%)	-50.21	-27.82	-30.64	-63.24	-27.82	-30.66	-27.97	-32.80	-30.64	
부채비율(%)	36.62	16.34	17.02		16.34	15.59	14.71	16.59	17.02	
당좌비율(%)	326.34	1,060.57	293.36		1,060.57	1,001.04	1,112.72	897.96	293.36	
유보율(%)	534.38	478.81	335.54		478.81	443.58	415.41	368.18	335.54	
EPS(원)	-1,452	-876	-812	-1,038	-248	-207	-194	-248	-163	
BPS(원)	3,339	2,968	2,365	938	2,968	2,771	2,707	2,516	2,365	
주당배당금(원)										
시가배당률(%)										
배당성향(%)	-	-	-							

영업이익이 계속 적자 상태인 것을 확인할 수 있다(출처: 네이버 증권 기업실적분석).

하지만 호재는 호재일 뿐 실적 현황을 보면 2018년도 초반 이후로 지금까지 나아진 부분이 없는 것을 확인할 수 있습니다.

제 경험상 90% 이상의 주식이 이처럼 실적과 무관하게 기대심리로만 오르곤 합니다. 물론 이러한 주가 상승이 향후 매출에 영향을 줄 수도 있겠지만, 그보다는 앞으로 회사가 나아질 것이라는 기대감에서 오른다는 것이 중요한 포인트입니다.

◆ 이런 상황을 알면 이용할 수 있다! ◆

세력들은 회사의 이런 호재들을 미리 알고 있을 가능성이 높기 때문에 주식을 저평가된 위치에서 대량으로 사들이고, 이는 대량의 거래량 발생으로 이어집니다. 우리는 이를 세력주 신호로 보고 회사의 매출 현황이 현재로서는 그리 좋아 보이지 않더라도 차트에서 거래량을 확인한 뒤 그 주식을 매수하는 것입니다.

옆 차트의 동그라미 표시 부분을 보면 큰 주가 상승 전 거래량이 대량으로 발생한 것을 확인할 수 있습니다. 이는 곧 세력주 신호가 됩니다. 이런 식으로 세력주를 파악하면 당장은 호재나 영업이익 개선에 대한 소식이 없지만 앞으로 무언가 좋은 소식이 생길 가능성이 있다는 것을 염두에 둘 수 있습니다.

이런 유형의 차트를 제대로 분석하여 매수에 뛰어드는 노하우는 4부에서 자세히 다루도록 하겠습니다.

대량의 거래량을 보인 이후 주가가 큰 폭으로 상승했다.

3부

세력주를 읽는 차트분석 기본기 다지기

수급을 알면 차트분석이 쉬워진다

✦ 주식투자의 기본은 수급 파악! ✦

주식투자의 원리는 간단합니다. 하지만 이 간단한 원리를 깨닫기가 쉽지 않죠. 원리를 깨달아도 사람마다 다르게 해석하는 경우도 많고요. 주식을 정확하게 이해하는 순간부터 주식투자 실력이 향상되는 건 당연합니다. 중요한 건 정확한 원리를 깨닫고, 해석하고, 준수하는 것입니다.

이 원리는 좋은 스승으로부터 깨우치는 경우가 많습니다. 하지만 저는 안타깝게도 좋은 스승을 만날 수 있는 기회가 없었습니다. 그렇다고 독학한 것은 아닙니다. 스스로 고수라 칭하는 분들을 찾아가 비용을 지불하고 강의를 들었습니다. 고수들은 저마다 다른 관점으로 투자하고 있었고 매매에 대한 접근 방식도 모두 달랐습니다. 그 과정에서 저는 주식매매에 대한 여러 가지 정보를 습득하고 저에게 맞는 기법을 찾아냈는데, 사실 이 원리를 파악하는 것만으로도 주식투자에서 반은 성공했다고 할 수 있습니다.

제가 찾은 주식투자의 원리는 바로 수급을 파악하는 능력을 소유하는 것입니다. 이것은 주식을 매매할 때 거의 진리와도 같다고 할 수 있습니다.

◆ 수익을 기다리지 말고 먼저 찾아라 ◆

수급이란 무엇일까요? 간단하게 말하면 '돈의 투입'입니다. 주식에는 돈이 쏠리는 곳에 더 많은 돈이 몰리는 단순한 원리가 적용됩니다. 돈이 몰리지 않는 종목에서 혼자 매매하는 것은 감이 열리지 않는 감나무 아래서 감이 떨어지기를 기다리는 꼴과 마찬가지입니다.

주식을 몇 번이라도 해본 투자자라면 대세가 아니라 소외된 종목 중에서 제대로 된 것을 찾아낸 데 뿌듯해하며, 매수한 뒤 오랫동안 수익을 기다린 경험이 있을 것입니다. 그런데 이렇게 기다려서 끝내 수익을 얻는다면 성공적인 매매겠지만, 이런 방법은 수익을 빨리 얻거나 자금을 빠르게 회전하여 고수익을 올리기에는 적합하지 않습니다.

제 생각으로는 수급의 원리만 깨달으면 차트 공부는 1년이면 충분합니다. 투자자의 타고난 성향에 따라 그 기간을 더 줄일 수도 있습니다. 차트분석 경험이 많을수록 차트를 보는 시야도 넓어져야 맞겠지만, 수급의 원리를 깨닫지 못한 채 주식 공부를 계속한다고 가정하면 10년이 지나도록 제자리일 수도 있습니다.

주식 공부는 자격증 취득처럼 정확한 이론들이 정립되어 있지도 않고 정답이 있는 학문도 아닙니다. 많은 시간을 투자한다고 해서 그에 비례하여 수익을 낼 수 있는 분야가 아니라는 뜻입니다. 아무리 오랫동안 공부해도 제자리를 뱅글뱅글 도는 비참한 결과가 충분히 나올 수 있는 분야가 바로 주식입니다. 10년 넘게 주식투자를 한 사람들도 저에게 주식에 대해 가르쳐달라며 강의를 신청하곤 합니다. 그럼 수급이 몰려 이후 주가가 상승할 종목을 어떻게 찾아낼 수 있을까요? 크게 두 가지 방법이 있습니다.

① 종목은 기관과 외인이 들어올 때 상승한다

기관과 외인 그리고 개인 투자자는 항상 반대로 매매하는 경향이 있습니다. 개인이 빠지면 기관과 외인이 들어오고 기관과 외인이 빠지면 개인이 들어오는 식이죠.

투자자별매매종합	시간대별투자자	당일추이	일별동향/차트	순매수추이			

일자	현재가	전일비	거래량	개인	외국인	기관계
기간 18/09/12 ~ 18/10/12		누적순매수		+2,079	-2,094	-14
13:19	1,310 ▲	15	3,942,247			
18/10/11	1,295 ▲	40	17,247,254	+461	-437	+1
18/10/10	1,255 ▼	120	19,603,897	-168	+131	+1
18/10/08	1,375 ▼	35	2,085,758	+44	-44	
18/10/05	1,410 ▼	85	2,488,979	+314	-318	
18/10/04	1,495 ▲	100	4,208,762	-79	+357	-291
18/10/02	1,395 ▼	60	2,823,670	-250	+2	+244
18/10/01	1,455 ▼	35	4,051,611	-193	+145	+41
18/09/28	1,490 ▼	85	5,303,378	+71	-65	
18/09/27	1,575 ▲	90	21,343,208	+114	-119	+2
18/09/21	1,485 ▼	35	18,997,926	+198	-60	
18/09/20	1,520 ▲	145	34,607,326	+130	-256	
18/09/19	1,375 ▼	145	45,156,324	+627	-614	-1
18/09/18	1,520 ↑	350	24,712,871	+543	-538	-10
18/09/17	1,170 ▼	10	1,109,542	+8	-8	

개인과 외인의 매수 동향이 반대인 것을 볼 수 있다.

개인들은 뇌동매매가 대부분이어서 회사의 가치를 올바르게 평가할 줄 모르지만, 기관과 외인은 객관적 분석을 바탕으로 매수에 들어갑니다. 따라서 기관과 외인이 들어오는 시점에 주가가 오를 확률이 높습니다.

그러므로 주식을 매매할 때는 개인의 흐름보다는 기관과 외인의 흐름에 주목할 필요가 있습니다. 물론 이 관점을 절대화해서 매매의 공식으로 삼기에는 무리가 있으나, 돈의 흐름을 좌우하는 것은 기관과 외인인 경우가 압도적이므로 충분히 참고하면서 매매해야 합니다. 또 지수 영향에서도 외인의 힘이 증시를 좌우하니 큰 흐름에서 외인들의 동향을 살피고 해외 시황까지도 살펴보는 것이 좋습니다.

기관과 외인의 개입으로 주가가 상승하는 현상은 보통 우량주에서 잘 나타납니다. 우량주의 경우에는 외인과 기관이 단기간 투자가 아닌 장기간 투자를 목적으로 매수하기 때문에 이들의 움직임을 판단 기준으로 삼아도 적합합니다.

만약 주당 2만원이 넘는 우량주를 매수하려고 한다면 기관과 외인의 매수 동향을 꼭 살펴보세요. 각 증권사마다 종목별 매매 동향을 지원하므로 이들의 동향을 살피는 것은 어렵지 않습니다.

다음 차트의 매매 동향을 살펴보면 현 시점에서 어떤 매수 주체가 많은지 알 수 있습니다. 외국인의 매수량이 점점 늘고 있는 것을 확인할 수 있네요. 그 시점부터 차트가 상승하는 것을 볼 수 있습니다.

투자자별매매종합 | 시간대별투자자 | 당일추이 | 일별동향/차트 | 순매수추이 | 업종별투자사순매수 | 딩일매매현황 | 투자자별

▼ Q 2019/02/28 ●금액 ○수량 ○추정평균가 ●순매수 ○매수 ○매도 ●천주 ○단주 ●전

| 기간 19/01/28 ~ 19/02/28 누적순매수 | | | | +20,516 | +25,714 | -45,516 | +484 | -4,572 | -15,093 | -1,038 | |
일자	현재가	전일비	거래량	개인	외국인	기관계	금융투자	보험	투신	기타금융	은
18/12/13	64,700 ▲	3,500	481,322	-1,170	+6,830	-5,600	-3,154	-555	-2,146	-2	
18/12/12	61,200 ▲	2,400	288,977	-4,400	-707	+5,179	+25	+1,257	+2,379	-34	
18/12/11	58,800 ▲	500	160,970	-1,124	-19	+1,180	+113	+790	+459	-4	
18/12/10	58,300 ▲	200	196,834	+98	-474	+380	+628	+389	-586		
18/12/07	58,100 ▲	1,200	256,011	-553	+636	-138	-1,042	+898	+340	+62	
18/12/06	56,900 ▲	100	210,202	+379	+2,174	-1,836	+1,078	-2,235	+154	-74	
18/12/05	56,800 ▼	100	218,887	+158	-491	+305	+983	-960	+510	-164	
18/12/04	56,900 ▲	500	316,330	+4,119	-3,609	-845	+143	-746	+1,569	-31	
18/12/03	112,500 ▲	3,500	183,914	-1,858	+483	+1,599	+505	+53	-185	-130	
18/11/30	109,000 ▲	2,000	132,845	-4,143	+4,945	-681	+338	+296	+883	+19	
18/11/29	107,000 ▼	2,000	128,060	+2,793	+2,331	-5,286	-403	-805	-2,798	-67	
18/11/28	109,000 ▲	3,000	146,518	-2,626	+2,640	+2	-1,165	+553	-89		
18/11/27	106,000 ▼	500	85,266		+2,619	-3,415	-298	-373	-593		
18/11/26	106,500 ▼	1,000	145,076	+1,372	+1,820	-3,246	-130	-926	+772		
18/11/23	107,500 ▲	1,500	88,616	-619	+960	-330	+578	-999	+869	-155	
18/11/22	106,500 ▼	4,000	130,901	+1,763	+288	-2,043	-239	+87	-905		
18/11/21	110,000 ▲	500	156,280	-290	-173	+1,467	+28	+188	+184		
18/11/20	109,500 ▲	2,500	145,162	-5,607	+1,521	+3,855	+1,834	+286	+432	+8	
18/11/19	107,000 ▲	500	189,533	-482	+1,406	-1,388	-813	+98	+326	+146	
18/11/16	106,500 ▲	8,500	384,572	-15,914	+8,077	+8,307	+196	+1,182	+2,355	+59	

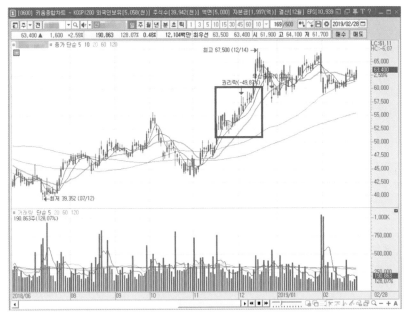

외국인 매수량이 늘어나자 주가가 상승하는 모습을 보인다.

② 거래량이 곧 수급이다

거래량은 개인이 수급을 판단하는 가장 간단한 방법입니다. 거래량이 급증할 때 투자자들 사이에서는 흔히 '터진다'는 표현을 사용하는데 전일 대비 500% 이상 거래량이 급증했을 때를 뜻합니다. 어제 거래량이 20만주였는데 오늘 100만주가 거래됐다면 이것은 누가봐도 일반적인 상황이 아니죠.

그렇다면 거래량이 터진 원인을 분석해야 합니다. 뉴스와 공시를 통해 이 회사에 호재가 발생했는지부터 살펴보고, 눈에 띄는 이유 없이 거래량이 상승했는지 여부를 살펴봅니다.

이 두 가지 중 더 좋은 원인을 꼽으라고 한다면 저는 무조건 '이유 없이 터진 거래량'을 선택합니다. 호재로 인한 거래량에도 신경을 안 쓰는 것은 아니지만 호재 없는 거래량에 더 주목합니다.

왜 그럴까요? 이유 없이 거래량이 급증했다는 것은 누군가 의도적으로 접근했다는 것으로 해석할 수 있기 때문입니다. 거래량이 발생한다는 것은 거래가 활발하게 이뤄진다는 뜻입니다. 그러면 거래량을 나타내는 차트의 움직임도 활발해지죠. 눈에 띄는 호재도 없는데 거래량이 터지면서 매수세가 강하게 들어왔다면 이것은 세력의 신호로 판단할 수 있습니다.

이런 이유로 차트분석의 고수들은 가장 먼저 거래량을 살펴봅니다. 거래량이 활발하게 움직이는지, 강한 거래량 발생 시점이 어디인지부터 체크하죠. 거래량을 보지 않고서는 차트분석이 불가능합니다. 만약 저에게 거래량을 뺀 차트를 보여준다면 저 역시 분석이 불가능하다고 말할 것입니다. 그만큼 거래량을 나타낸 차트는 분석가들에게 무척 중요한 요소입니다.

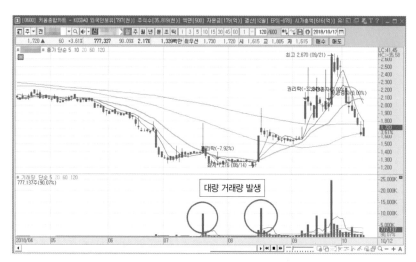

차트에서 확인할 수 있는 대량의 거래량

위 차트의 동그라미 표시 부분을 보면 거래량이 두 번 터진 이후에 주가가 강한 상승 흐름으로 이어지는 것을 발견할 수 있습니다. 그만큼 거래량은 차트의 움직임을 분석하는 데 좋은 지표가 됩니다.

이 거래량 공식에는 제가 언급한 내용 외에도 다양한 접근 방식이 있습니다. 고수들마다 거래량을 해석하는 기준은 다 다르고 세부적입니다. 물론 거래량이 대량으로 발생한 시점은 누구에게나 동일하게 적용되지만 그 뒤에 거래량 분석과 시점, 차트상의 위치와 거래량 수치, 대량 거래량이 발생한 이후 거래량의 움직임 등을 종합하여 차트를 분석하는 것은 저마다 다릅니다.

◆ 지름길이라면 얼마든지 지나야 한다 ◆

　제가 여러분에게 알려드린 것은 어떤 분석 방법이 아닙니다. 그저 수급의 원리를 일깨워드렸을 뿐입니다. 이 수급의 원리를 잘 알면 주식 공부 기간을 단축할 수 있습니다. 반대로 수급의 원리를 모르면 실력은 늘지 않고 잡다한 지식만 쌓게 됩니다. 제가 실제로 만나본 주식 고수들 중 거래량을 빼고 주식을 이야기하는 사람은 하나도 없었습니다. 심지어 주식으로 자산을 몇십억 형성한 어떤 고수는 차트분석의 가장 첫 번째 기준으로 수급을 손꼽기도 했습니다.

　그만큼 수급의 원리가 중요하다고 재차 강조합니다. 추가로 덧붙이자면 캔들 이론(봉 차트 모양)과 거래량을 함께 분석하는 것도 중요합니다. 만약 캔들 이론만 알고 거래량은 분석하지 않는다면 캔들 분석에 실패할 확률이 높아집니다. 캔들을 아무리 열심히 분석해도 차트분석 실력이 늘지 않는다면 수급분석에 실패했다고 볼 수 있습니다.

차트분석을 통한
세력주 기초 다지기

◆ 차트는 투자자의 심리를 반영한다 ◆

앞서 고수들은 자신만의 기술과 원칙을 갖고 있다고 말했습니다. 이번 장에서는 기술적 분석을 이용한 실전매매 기술의 종류를 알아보겠습니다. 먼저 기술적 분석이란 오로지 차트로만 해당 주식의 가치를 평가하는 것을 말합니다. 차트를 보고 이 주식이 오를지 내릴지 분석하여 투자하는 것을 말하죠.

그렇다면 왜 기술적 분석을 해야 할까요? 앞에서도 언급했지만 차트들의 패턴과 유형은 거의 정해져 있습니다. 중요한 것은 **차트에는 사람들의 심리가 반영되는데 이 심리가 대부분 비슷하기 때문에 차트들의 모양도 비슷하게 나온다는 사실입니다.** 따라서 차트분석에서 기술적 분석을 공부하는 것은 선택이 아닌 필수입니다.

◆ 차트를 보면 큰돈의 흐름이 보인다! 기본 기법 5가지 ◆

기술적 분석은 과거의 차트 데이터를 분석하는 것입니다. 몇몇 사람들은 과거 데이터의 그림자이자 후행성인 차트로 미래의 주가를 예측하기는 어렵다고 말합니다. 하지만 절대로 그렇지 않습니다.

주식시장의 큰 흐름을 살펴보면, 주식은 자본주의 원리가 그대로 작용하는 분야라서 큰돈들의 움직임에 따라 매매하면 성공 확률이 무척 높아집니다. 차트를 볼 때 단순히 그래프를 보는 것이 아니라 큰돈의 흐름을 분석한다고 생각하면 더 정확하겠네요.

그럼 '큰돈'이란 무엇일까요? 이는 외인이나 기관일 수도 있고 수백억 자산을 지닌 개인 투자자나 주가를 장악하는 작전 세력일 수도 있습니다. 중요한 것은 세력이 누구든 간에 '큰돈'이 특정 종목에 들어왔다는 것은 우리가 알지 못하는 '특별함'이 생겼음을 암시한다는 것입니다. 우리는 이러한 종목을 세력주라고 부릅니다. 큰돈의 흐름을 알고, 세력주를 발견해 패턴을 찾는다면 우리가 원하는 방향으로 얼마든지 수익을 창출할 수 있습니다.

다음 두 차트를 살펴볼까요? 차트상 거래량(수급)이 대량으로 발생한 이후에 주가가 상승하는 것을 확인할 수 있습니다.

이렇게 '큰돈'의 흐름에 따라 차트의 방향이 결정되는 경우가 많기 때문에 우리는 기술적 분석을 사용해 매매 수익을 거둘 수 있습니다. 그러므로 차트는 후행성이 아닌 특정 징후를 통해 미래를 예측하는 수단이 됩니다.

대량의 거래량 발생 이후 주가가 상승한다.

그럼 본론으로 들어가서, 이런 차트분석을 통해 큰돈의 흐름을 찾고 세력주에 투자하는 다양한 매매 기법을 소개하겠습니다. 앞으로 제가 언급할

5가지 매매 기법들은 널리 대중화된 것입니다. 이 중에는 초보자가 접근하기에는 다소 어려운 기법도 몇 개 있지만, 미리 공부하면 이를 바탕으로 여러분도 자신만의 매매 기법을 얼마든지 창조해낼 수 있습니다.

① 상한가 따라잡기

상한가 따라잡기는 주가가 상한가를 기록한 이후 생기는 큰 변동성을 이용한 단타 매매 기법입니다. 상한가는 강한 호재가 있어야만 발생합니다. 상한가가 발생하면 많은 투자자들이 이 종목에 관심을 가지고 상한가를 기록한 원인을 분석합니다. 여기서 상한가 발생 원인이 인수합병, FDA 승인, 정부 정책 지원 발표 등 회사의 강한 호재에 의한 것이라면, 그 다음 날 주가가 추가로 강한 상승세를 이어가는 경우가 상당히 많습니다.

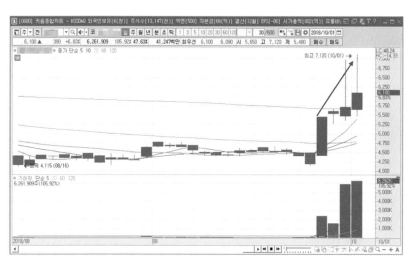

상한가 이후 주가가 20% 이상 강하게 급등하는 차트

앞 차트를 보면 상한가(일봉상 상한가 캔들)가 발생한 이후 주가가 강하게 급등하는 것을 볼 수 있습니다. 여기서는 이틀 뒤 20% 이상의 강한 급등이 연속으로 2일 동안 발생했습니다.

이처럼 추후 강한 상승을 동반하는 상한가가 완성되기 직전에 매수에 돌입하여 수익을 내는 기법을 상한가 따라잡기라고 합니다. 쉽게 말해 상한가, 즉 주가가 30% 상승하기 직전인 28~29%에서 매수하는 것이죠.

하지만 매수 후 상한가가 풀릴 것 같은 기미가 보이면 바로 매도해야 합니다. 물론 이 타이밍을 잡기란 말처럼 쉽지 않습니다. 상한가에 도달하기 직전에 매수하는 것도 찰나의 타이밍 싸움이며, 상한가에 걸려서 거래가 멈췄다가도 매도 세력 등장으로 상한가가 풀려 거래가 재개되면 상한가에 대한 기대심리가 꺾여서 매도 물량이 대거 쏟아지기 때문입니다.

이 기법은 빠른 수익을 기대할 수 있는 만큼 리스크가 무척 큰 매매 기법입니다. 상한가를 마친 뒤 장 후반에 상한가가 풀려서 -10% 이상 순식간에 급락하기도 하는데, 이때는 손 쓸 겨를이 없으므로 고스란히 손해를 안고 매도해야 합니다.

② 하한가 따라잡기

이번에는 상한가의 반대인 하한가 따라잡기 기술입니다. 하한가란 상한가와는 반대로 장중 최대 하락치인 -30%로 주가가 내려가는 것을 말합니다. 상한가에서는 강한 호재로 인해 주가의 추가 상승을 기대할 수 있다면, 하한가에서는 악재임에도 불구하고 다음 날 주가가 급등하는 경우가 발생합니다.

이런 현상을 어떻게 설명할 수 있을까요? 사실 정확하게 설명하기는 어렵습니다. 한 가지 확실한 것은 그만큼 주식시장은 상식을 깨뜨리는 곳이라는 것입니다. 저는 하한가 따라잡기를 무언의 약속으로 해석합니다. 세력들이 개인 투자자들을 털어내기 위해 의도적으로 해당 주식을 흔들어 하한가를 만드는 무언의 약속이라고 보는 것이죠.

그렇다면 이 하한가는 인위적인 하락에 따른 것으로 볼 수 있는데, 이럴 때는 빠른 시일 안에 주가가 다시 치고 올라오는 경우를 볼 수 있습니다. 이런 무언의 약속을 노리고 매수하여 시세차익을 얻는 매매 기법이 하한가 따라잡기입니다.

아래 차트의 동그라미 표시 부분을 보면 하한가가 발생한 이후 주가가 강하게 급등하는 것을 볼 수 있습니다. 이때 하한가에 주식을 매수한 투자

하한가 발생 이후 주가를 빠르게 회복하는 차트

자는 이후 반짝 급등할 때 주식을 매도하여 단기간에 수익을 실현할 수 있죠. 하지만 하한가는 결국 회사의 악재로 인해 나타나는 현상이므로 이후 하한가가 추가로 나타날 수 있는 리스크가 있습니다. 이 말은 곧 잘못 매수했다가 단 하루 만에 -30% 또는 그 이상으로 손실을 볼 수 있다는 뜻입니다. 하한가 따라잡기 역시 큰 리스크를 동반한다는 점을 반드시 기억하기 바랍니다.

그럼 왜 사람들은 하한가 따라잡기나 상한가 따라잡기를 시도하는 것일까요? 해답은 빠르게 수익을 챙기려는 사람들의 투자심리에 있습니다. 누구든 돈이 오래 묶여 있는 것을 원하지 않습니다. 그러다 보니 주식을 하면서 빠르게 수익을 얻을 수 있는 구간이 상한가와 하한가 이후라는 것을 자연스럽게 깨달으면서 많은 이들이 이 기법을 사용하는 것이죠. 이런 이유로 상한가와 하한가 종목에는 단타 자금만 유입되어 변동성이 커지고 리스크도 따라서 커집니다.

③ 스켈핑 매매

스켈핑 매매란 단 몇 초, 또는 몇 분 만에 수익을 챙기고 빠져나오는 매매 기법을 말합니다. 생각보다 많은 사람들이 스켈핑 매매를 하고 싶어 하고, 또 하고 있습니다. 앞서 말한 상한가 따라잡기나 하한가 따라잡기처럼 빠르게 수익을 챙길 수 있기 때문입니다. 그리고 매수 후 하루를 넘기지 않고 당일, 그것도 몇 분 안에 자금이 청산되기 때문에 심적으로 부담을 지니고 기다릴 필요도 없습니다.

이 매매 기법은 주로 호가창, 틱봉, 분봉, 초봉을 읽고 매수매도합니다.

당일 강한 상승이 발생하는 종목에 편입하여 잠시 돈을 넣었다가 빼는 방식이라서 순간적인 판단이 무척 중요합니다. 빠른 주가 변화를 감지하는 호가창, 분봉, 초봉, 틱봉을 자세히 살펴보아야 하고 타이밍을 잘 맞춰야만 원하는 순간에 매매하여 적지만 빠른 수익을 거둘 수 있습니다.

잠깐 동안 매매하기 때문에 큰 수익을 노리기보다는 1~3% 정도 수익을 실현하고 빠져나오는 경우가 많습니다. 스켈핑 매매에서 그 이상 수익을 실현한다면 대단한 실력자일 것입니다. 보통은 1% 내외에서 청산하며 매일매일 수익을 실현하는 것을 목표로 합니다. 매매하는 시간이 짧아서 상대적으로 리스크가 적다고 볼 수도 있지만, 어설픈 실력으로 손실이 누적되면 단 이틀 만에 계좌가 반토막 나기도 하는 무서운 매매 기법이므로 충분한 연습 없이 쉽게 덤벼들지 않기를 바랍니다. 빠르게 돈을 회전시키는 만큼 뇌동매매의 유혹이 강하다는 점도 꼭 염두에 두세요.

④ 눌림목 매매와 돌파 매매

대표적인 단타 매매 기법입니다. 단타는 보유 기간을 많아야 5일 이내로 잡습니다. 아무리 변동성이 높다고 해도 주식으로 5일 이내에 수익을 내는 것은 고수가 아니면 어렵습니다. 무엇보다도 차트분석에 대한 이해가 깊어야 하고 매수하는 종목에 대한 확신이 있어야만 가능한 기술이죠.

먼저 눌림목 매매란 주가가 오르고 난 뒤 조정을 받아 밀리는 타이밍에 맞춰 반등할 때를 노리고 주식을 매수하는 기법입니다. 다음 차트를 예시로 설명하겠습니다.

상승을 이어가다 조정을 받아 잠깐 하락하는 차트

위 차트를 보면 주가가 상승을 이어가다가 잠깐 하락 후 반등하는 것을 확인

할 수 있습니다. 차트상 동그라미 표시 부분이 바로 눌림목 매수 포인트입니다.

매수 포인트를 잡는 기준은 개인마다 다른데, 저는 이동평균선(119쪽 참

고)을 기준으로 잡습니다. 아래 차트에서 보듯 보통 눌림목 차트들은 10일

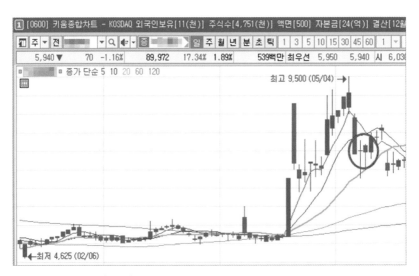

10일선(파란색)과 20일선(노란색) 사이에서 눌린 후 작은 단봉으로 이동하는 형태

선과 20일선 중심에서 눌린 뒤에 오르게 되어 있습니다. 그러니 이 부근에서 작은 단봉으로 이동하는 움직임을 포착한다면 매수의 기회로 보아도 좋을 것입니다.

돌파 매매는 그 반대 개념입니다. 주식이 저항대를 뚫고 올라갈 때를 맞춰 매매하는 방식인데, 보통 주가는 저항대라는 벽을 통과한 이후에는 강한 상승으로 이어지는 경우가 많습니다. 이 원리를 이용하여 매매하는 기법이 돌파 매매 기법입니다.

아래 차트상에 보이는 분홍색 선이 저항선입니다. 돌파 매매 기법은 이 선을 뚫는 시점부터 매매에 돌입하는 것을 말합니다.

저항선 돌파 이후 주가가 상승하는 차트

눌림목 매매든 돌파 매매든 차트의 흐름을 읽는 눈이 가장 중요합니다. 차트들의 모양은 다 달라서 매번 자신이 원하는 차트 모양이 나타나기를 기대할 수는 없습니다. 각자 다른 모양의 차트들에서 자신의 기법에 적용되는 타이밍을 찾기도 결코 쉽지 않죠.

하지만 차트를 자세히 보다 보면 자신이 원하는 모양이 나올 때가 있습니다. 그 타이밍을 맞추려면 날마다 많은 차트들을 직접 돌려보고 살펴보는 노력이 필요합니다. 또 계획대로 되지 않으면 손실을 감수하고 빠져나와야 하는데, 이 결정을 신속하게 내리지 못하면 손실이 난 채로 해당 주식을 보유하게 되어 손실이 더욱 커지고 결국엔 다른 종목으로 바꾸지 못하는 결과도 발생합니다.

물론 이럴 때 빠르게 결정하려면 충분한 경험과 기준을 지니고 있어야 합니다. 저 같은 경우는 기준 가격에서 이탈한 후 이틀 후 매도, 또는 기준 가격에서 이탈할 경우 바로 매도 등의 원칙을 갖고 있습니다.

⑤ 스윙 투자 매매

스윙 투자란 급변하는 종목에 편입하기보다는 기간을 넉넉하게 잡고 흐름과 시간을 이용해 수익을 얻는 매매 기법입니다.

보통 5~7일 이상 보유하는 것으로 알려져 있는데 특별히 정해진 기간이 있는 것은 아닙니다. 주가가 급등하여 다음 날 수익권에 도달해서 하루 만에 매도할 경우에는 단기투자가 되기도 하죠. 빠르게 매도매수하는 단타가 아니라 기간에 여유를 두고 매매하는 투자를 스윙 매매라고 칭하는 것이 좋을 것 같습니다.

스윙 매매는 단타가 아니기 때문에 투자하기 전 종목에 대한 확신과 회사의 가치도 고려하는 것이 좋습니다. 주식의 리스크 중 하나가 회사의 재무건전성 악화입니다. 스윙 매매를 하다 보면 보유 기간이 길어질 수도 있기 때문에 회사 재무상태가 건전한지 체크하는 것이 중요합니다. 언제 생각지도 못한 거래정지나 상장폐지와 같은 악재가 발생할지 모르니까요.

또한 일정한 기간에 높은 수익을 얻기 위해서는 차트분석을 통한 저점 매수도 무척 중요합니다. 저점 매수에 실패하더라도 계획적으로 추가 매수하여 매입단가를 낮추는 코스트 에버리지(Cost Average) 전략을 활용할 필요가 있습니다. 기간을 길게 잡고 추가 매수로 매수 단가를 낮춘다면 원하는 수익권에 쉽게 도달할 수 있기 때문이죠. 주식을 처음 시작하는 초보자들에게 적합한 매매 기법이기도 합니다.

◆ 나에게 편한 것이 가장 좋은 기법 ◆

지금까지 주식매매에서 많이 활용하는 대표적인 기술적 분석 기법들을 알아보았습니다. 사실 매매 기법은 중요하지 않습니다. 결국 주식에서 중요한 것은 수익을 내느냐 내지 못하느냐죠. 하지만 차트분석에 접근할 때는 매매 기법을 어느 정도 알아야 이후 각자 스타일과 매매 기준을 잡을 수 있으니 미리 알아두는 것이 좋습니다.

가령 단기투자로 빠른 시일 안에 수익을 얻고자 한다면 앞서 제가 소개한 매매 기법을 보고, 과연 자신이 할 수 있을지 없을지를 대략 짐작할 수 있을 것입니다. 주식에는 절대적인 기준이 없습니다. 자신이 세운 기준에 따라 수익을 낼 수 있다면 그것으로 충분합니다.

저는 다양한 매매 기법을 익히고 배운 뒤 자신이 편하게 느끼는 것을 선

태하는 것이 가장 좋다고 생각합니다. 무조건 열심히 한다고 해서 주식투자에 성공하는 것은 아니니까요. 그러니 자신이 할애할 수 있는 시간 범위 안에서 효율적인 매매 기법을 찾는 것이 가장 좋습니다.

주식시장은 상상하는 모든 것이 가능한 곳입니다. 어떤 이들은 하루 종일 차트에 매달려도 수익을 못 내는데, 어떤 이들은 자신이 가진 노하우로 단 몇 분만 투자하여 수익을 내기도 합니다.

주식을 처음 공부하는 입장이라면 먼저 다양한 차트 기법을 익히는 데 시간을 많이 할애하기 바랍니다. 그러다 보면 자신에게 적합하고 효율적인 매매 기법이 무엇인지 누가 가르쳐주지 않아도 자연스럽게 배우게 될 것입니다.

보조지표를 알면
차트가 보인다

◆ 보조지표는 선행지표의 이해를 돕는다 ◆

이번에는 차트의 보조지표에 관해 이야기해 보겠습니다. 일반적으로 투자자들이 많이 쓰는 보조지표로는 매물대, MACD, 일목균형표, 볼린저 밴드, Stochastic, Envelope, RSI지표 등이 있습니다.

저 역시도 이런 보조지표를 사용하여 주식을 매매해 보았습니다. 어떤 이들은 보조지표의 매력에 빠져 보조지표만 연구하기도 합니다. 먼저 말씀 드릴 것은 완벽한 보조지표는 존재하지 않는다는 것입니다. 보조지표에서 만큼은 차트를 후행성으로 보기 때문에 선행하는 신호를 찾기가 쉽지 않습니다. 물론 이것은 저의 개인적 의견입니다.

거래량이나 캔들의 모양은 미래를 예측하는 데 도움이 됩니다. 거래량은 수급으로 해석할 수 있고 캔들은 '힘'으로 해석할 수 있으니까요. 하지만 보조지표를 활용할 때는 그런 해석보다는 흐름을 중시하는 경우가 상당히 많습니다.

예를 들어 보조지표에서는 캔들 하나의 의미를 찾는 것이 아니라 전체적인 캔들의 움직임이 나타나기 때문에 미래를 예측하여 반영하기가 쉽지 않습니다. 큰 값의 평균값으로 거시적 흐름을 나타내는 경우가 많아서 세밀한 매수 타이밍을 잡을 때 도움을 받기가 쉽지 않은 것이죠. 또 주식에서 중요한 거래량의 위치나 봉들의 크기를 모두 담아낼 수 없는 한계가 존재합니다. 이런 이유들로 인해 보조지표만을 신뢰하여 매매하는 것에는 상당한 리스크가 있습니다.

차트분석을 잘할수록 캔들 한두 개의 움직임에서 많은 의미를 찾게 됩니다. 캔들의 위꼬리, 아래꼬리, 그날 상승한 고가까지의 크기 등을 종합적으로 봐야 종목의 특성을 파악할 수 있기 때문입니다. 동시에 거래량과의 상관관계도 봐야 합니다.

그러나 흐름을 중시하는 보조지표들로는 이런 세세한 관찰을 따라가기에는 역부족일 때가 많습니다. 단지 지금 주가가 어떻게 흘러가고 강도가 어떠한지를 관찰하는 데는 도움이 되지만, 단순히 보조지표를 이용해서 미래를 예측하기란 확률적으로 어렵습니다.

볼린저 밴드
주가의 변동에 따라 상하밴드의 폭이 같이 움직이게 한 것으로, 주가의 움직임을 밴드 내에서 판단하기 위해 고안한 보조지표이다.

보조지표 중 하나를 예로 들어보겠습니다. 많은 투자자들이 볼린저 밴드(Bollinger Band)◆ 지표를 많이 활용하는데, 이 지표를 활용하는 대표적인 매매 기법은 수렴 확산을 이용한 매매입니다.

아래 차트에서 캔들을 위아래로 덮고 있는 선들이 바로 볼린저 밴드입니다. 가운데 중심선을 기준으로 위는 빨간색, 아래는 파란색입니다. 동그라미 표시 부분에서 볼린저 밴드의 간격이 좁아지는 것을 볼 수 있습니다. 볼린저 밴드의 간격이 좁아진 이후 주가의 변동성이 커지며 차트가 위아래로 크게 방향을 잡고 흘러가는 양상을 볼 수 있습니다.

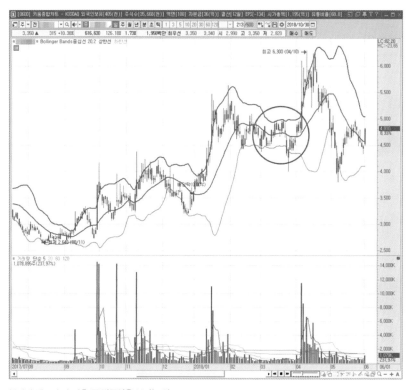

볼린저 밴드 수렴 이후 큰 변동성을 보이는 차트

이런 식으로 볼린저 밴드가 수렴 중인지, 확산 중인지를 구분하면 이후 주가가 어떻게 변동할지 가늠할 수 있습니다. 언뜻 보면 이해하기 쉬워 사용하기에 좋은 지표로 보이겠지만 막상 실전에 활용하려고 하면 간격이 좁아진 기준이 무엇인지, 또 차트가 크게 움직이는 시점이 언제부터인지, 주가가 오를지 내릴지, 차트가 내려갈 때 어디쯤에서 매도를 결정해야 하는지 등 여러 가지 어려움이 발생하곤 합니다. 예시로 자세히 살펴보겠습니다.

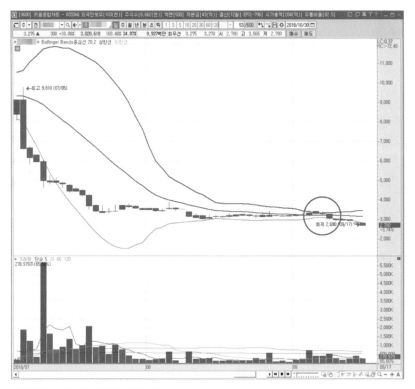

볼린저 밴드 수렴 이후 하락세를 보이는 차트

위 차트에서 동그라미 표시 부분인 볼린저 밴드의 간격이 좁아졌을 때 주식을 매수했다면, 그 뒤로 내려가는 움직임에서는 매도할 수밖에 없습니다. 주가 하락세에 따른 투자자의 불안감이 매도세로 작용하면서 주가가 내려가는 속도가 가팔라지기 때문입니다. 하지만 어느 정도 시간이 지난 후 차트를 보면 얘기가 달라집니다.

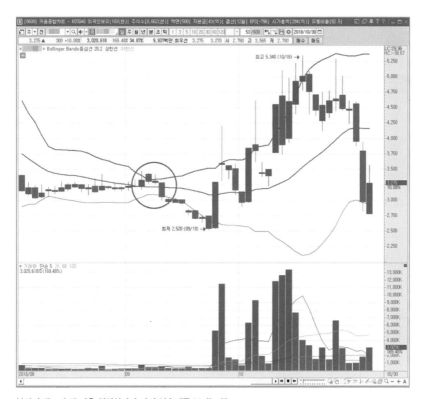

볼린저 밴드 수렴 이후 하락하다가 다시 상승세를 보이는 차트

위 차트처럼 밀리고 나서 하락한 뒤에 주가가 상한가를 치며 계속 상승하는 경우도 발생합니다. 즉 볼린저 밴드를 통해 매수와 매도 타이밍에 도움을 받을 수는 있지만, 이것만으로는 차트가 지닌 변동성을 완전히 파악하기 어렵습니다.

이는 곧 볼린저 밴드를 절대적인 지표로 사용할 수 없다는 말과 같습니다. 하지만 차트를 많이 보고 어디까지나 '보조' 역할로 사용한다면 볼린저 밴드는 주식차트를 한눈에 보고 대략적인 상황을 파악하는 데 큰 도움이 될 것입니다.

◆ 어디까지나 차트를 '보조'하는 지표 ◆

우리는 여기서 '보조지표'라는 단어의 의미를 생각해볼 필요가 있습니다. 보조지표는 말 그대로 '보조'하는 지표입니다. 매매를 결정하는 데 주도적인 역할을 하는 것이 아니라 보조하는 역할 정도가 적당하다는 뜻이지요. 왜냐고요? 차트분석을 하려면 캔들 하나하나의 의미를 찾아야 하는데 보조지표는 대부분 거시적 측면의 흐름을 나타내기 때문입니다.

저는 주식투자를 잘하는 사람 중에서 보조지표만을 의존하는 사람은 본 적이 없습니다. 혹여 그런 사람이 어딘가에 있을지도 모르겠네요. 하지만 제 경험상 캔들 하나하나에 대응해야 하는 것이 매매의 기본인데, 캔들의 종합 값을 보여주는 보조지표들에 의존하다 보면 세밀한 선택을 할 때 오류가 빈번하게 발생할 수밖에 없습니다. 만약 보조지표를 사용할 거라면 매매 성공률을 높이기 위해 세밀한 캔들 분석을 꼭 병행해야만 합니다.

모든 보조지표를 설명할 수는 없으므로 여기서는 볼린저 밴드만 다루고 넘어가겠습니다. 다른 보조지표들도 볼린저 밴드와 유사한 점이 많습니다.

◆ 모멘텀을 확인하는 용도로는 좋다 ◆

보조지표는 현재 차트상 강세와 약세, 즉 모멘텀을 한눈에 체크할 수 있는 좋은 기능을 갖추고 있으므로, 본인이 직접 분석하고 활용하면 얼마든지 좋은 방향으로 쓸 수 있습니다. 그리고 각 보조지표는 저마다 기본 세팅이 되어 있어서 이를 수정하여 자기만의 방식대로 변경할 수도 있습니다.

보조지표로는 차트를 후행성으로 해석할 수밖에 없다는 점도 꼭 알아두세요. 4부에서 보조지표를 활용한 차트분석법을 다루었으니 다양한 관점으로 보조지표를 활용할 방향에 대해 생각해 보기 바랍니다.

차트는 후행성이 아니라는 점, 미래를 예측하기에 충분하다는 점을 기억하고, 앞으로 차트들을 볼 때는 동일한 패턴들을 발견할 수 있도록 부단히 노력하기 바랍니다. 차트 하나하나를 자세히 살펴보는 능력이 생길수록 주식시장에 더욱 빨리 대응하며 확신을 가질 수 있을 것입니다.

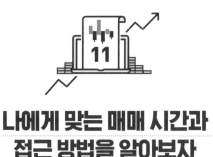

나에게 맞는 매매 시간과
접근 방법을 알아보자

◆ 거래 시간에 따른 주식매매 노하우 ◆

앞 장에서 본 것처럼 주식에서 다루는 차트 기술은 정말 다양합니다. 그 이유는 여러 가지 돈이 뒤섞여 있는 데다 거래 방식과 룰(Rule)도 여러 가지이기 때문입니다. 여러 가지 돈이란 개인, 기관, 외인 등 각자 투자 기간과 목적이 다른 돈들이 국내 주식시장에서 거래되는 것을 말하며, 여러 가지 거래 방식이란 다양한 거래 시간(시초, 장중, 종가, 시간 외)과 거래 종류(보통가, 시장가, 시간 외 단일가 거래 등)를 이용하여 거래하는 것을 말합니다. 룰은 주식의 당일 상한제도(±30%)와 주식 거래가 시작되고 끝나는 시간(오전 9시부터 오후 3시 30분)을 정해둔 것을 말합니다.

그럼 거래 시간에 따른 매매 성격에 대해 먼저 알아볼까요?

① 시초가 매매

시초는 오전 9시부터 장이 시작하는 오전 9시 30분까지의 시간대를 말합니다. 이 시간대는 전날 호재가 있던 종목들과 더불어 그 밖의 목적을 지닌 매수 및 매도 물량이 쏟아지기 때문에 단 몇 분 만에 10% 이상 급등하는 등 강한 움직임을 보이는 시간대입니다. 보통 시초에 힘주면서 오르던 종목들이 시간이 지날수록 떨어지기도 하므로, 초보자가 이때 아무것도 모르고 매매했다가는 큰 손해를 볼 수도 있습니다. 하지만 반대로 시초 공략을 잘하면 짧은 시간 안에 큰 수익을 얻을 수도 있습니다.

② 장중 매매

장중은 오전 9시 30분 이후부터 주식이 거래되는 시간으로, 조금씩 움직임이 둔화되는 시간대를 말합니다. 이때부터는 호재가 있는 종목들만 빠르게 오르고 나머지 종목들은 천천히 움직이므로 약간 느긋하게 매매할 수 있습니다. 이 시간대에는 특별한 일이 없는 이상 차트가 긴박하게 움직이지 않으므로, 원하는 가격에 매수를 걸어놓고 다른 것에 신경 써도 된다고 보면 됩니다.

③ 종가 매매

종가 매매란 그날 차트가 마감되는 모양을 보고 매수에 들어가는 것입니다. 대략 오후 2시 이후부터 차트를 관찰하기 시작하여 당일에 의미 있게 끝나는 차트 모양을 찾는 것을 말합니다. 여기서 의미 있는 차트란 이 책에서 말하는 매수 기준과 패턴에 부합하는 차트를 말합니다. 오후 3시 20분 ~

3시 30분 사이에 완성되는 차트 모양을 보고 '시장가'로 매수하면 됩니다.

종가 매매는 차트의 흐름을 잘 이해하는 사람만이 성공률 높게 매매할 수 있는 기법입니다. 보통은 종가 이전에 매매하지 않는데 그 이유는 종가 전에 무슨 일이 발생할지 몰라서입니다. 종가 전에 매수했는데 차트가 장 후반에 급락할 수도 있으므로, 단 1%의 수익률이라도 소중하게 생각한다면 종가에 맞춰서 매매하는 것이 좋습니다.

이렇듯 시간대에 따른 주식 거래의 특징을 잘 파악한다면 자신의 스타일을 금방 찾을 수 있을뿐더러 잦은 실수도 줄일 수 있습니다. 아무것도 모르고 시초가에 들어가거나 침착함을 잃고 아무 가격에서나 덥석 주식을 사는 일은 없어야 할 것입니다.

◆ 예측할 수 없는 주식차트, 결국은 내 입맛대로 ◆

앞서 언급했듯 시간대에 따라 다양한 조건과 상황이 얽히고 다양한 돈들이 섞이면서 주식차트는 예측하기 힘든 형태로 흘러갑니다. 그러면서 각 차트마다 다양한 캔들이 만들어집니다. 주식시장의 이러한 원리를 파악했다면 이제 다양한 매매 기술과 다양한 시각으로 접근이 가능해집니다. 그러나 막상 방대한 주식의 영역에 발을 들이는 순간 막막함과 막연함에 빠질지도 모릅니다. 모르는 용어가 쏟아지고 어떻게 매매해야 하는지 감조차 잡을 수 없기 때문이죠.

하지만 복잡하게 생각할 필요는 전혀 없습니다. 주식투자를 한다고 해서 주식의 모든 분야를 배울 필요는 없기 때문입니다. 여러분은 오로지 한 가지 관점으로만 주식을 보면 됩니다. 바로 내가 매매하기 '편한 시간 + 내가 좋아하는 차트 패턴'입니다.

앞에서 복잡한 과정에 대해 조금 설명했지만 사실 그런 걸 다 알 필요는 없습니다. 예를 들어 집에서 회사까지 출근하는 길이 여러 갈래로 나뉜다고 가정해 봅시다. 회사까지 도착하는 데 걸리는 시간은 비슷하다면 어떤 길을 택해야 할까요? 정답은 바로 '내가 원하는 길'입니다.

주식도 마찬가지입니다. 주식의 범위는 너무나도 광범위해서 다양한 매매 기법과 관점을 익히는 데만 짧게는 수년, 길게는 십년이 넘게 걸릴 수도 있습니다. 그러니 내게 맞는 길만 제대로 찾으세요. 다시 한번 말하지만 주식에 대한 모든 것을 다 알 필요는 없습니다.

◆ 상황에 맞는 매매 기법을 골라라 ◆

앞에서 주식매매 기법이 정말 많다고 말씀 드렸습니다. 이는 곧 수익을 낼 수 있는 기법도 많다는 이야기입니다. 여러분은 그 많은 기법 중 자신에게 맞는 한 가지 매매 기법만 익혀서 잘 활용하면 됩니다. 이것이 정답입니다. 처음부터 너무 많은 것을 알려고 하거나 배우려고 하지 마세요. 어차피 못하니까요. 왜 못한다고 단정 짓느냐고요? 한 가지 기법만 익히고 수익으로 연결하는 데도 오랜 시간과 경험이 필요하기 때문입니다.

대부분 이 단순한 사실을 놓칩니다. 특정 노하우와 기법만 배우면 그만인 줄 알지만 실제로는 그렇지 않거든요. 그 노하우와 기법을 적용하는 과정에서 다양한 위기 상황을 모면하는 능력과 함께, 수많은 차트들 중에서 자신의 기법에 맞는 차트를 찾아내는 능력을 키워야 합니다.

이렇게 한 가지만 익혀 활용하기에도 벅찬 것이 사실입니다. 하나를 배운다고 끝이 아니라 이를 완성하기 위한 '집요함'이 필요하며, 무엇보다 여러분이 집중해야 할 기법을 찾는 것이 우선입니다.

그렇다면 여기서 문제를 하나 내겠습니다. 내가 집중해야 할 하나의 기법은 어떻게 찾아야 할까요? 제가 직접 경험한 다양한 주변 사례를 바탕으로 몇 가지 가이드라인을 드리겠습니다. 아래의 조건을 살펴보고 자신에게 맞는 매매 기법을 찾는 데 참고하기 바랍니다.

case 1. 저녁에만 차트를 볼 수 있는 직장인

직장생활이 바빠 오전과 오후에 차트를 볼 수 없어 실시간 대응이 힘든 경우입니다. 이런 분들은 변동성이 강한 종목보다는 회사의 가치는 높지만 시장에서 외면받는 종목을 공략할 필요가 있습니다. 즉, 스윙 & 장기투자 매매가 어울립니다.

스윙 매매는 시장의 영향을 받는 특징이 있습니다. 따라서 시황을 읽는 눈을 기르는 것이 중요합니다. 한국 증시는 미국과 중국 증시의 영향을 많이 받습니다. 그렇기 때문에 미국 증시와 중국 증시, 또 세계 경제와 국내 경제에 무슨 변화가 없는지 세심하게 살펴봐야 합니다. 종목은 많이 매매할 필요가 없으므로 처음에 좋은 종목을 고르는 작업이 필요합니다. 이를 위해서는 기본적으로 재무제표를 살펴보는 능력도 갖춰야 합니다.

case 2. 출근 시간이 늦어 오전에 여유가 있는 사람

출근 시간이 늦다는 것은 오전에 시장을 지켜볼 수 있다는 뜻입니다. 이런 경우에는 시초가 매매와 단타 매매가 가능합니다. 물론 시간적 여유가 있으니 스윙 매매까지도 가능합니다. 그만큼 선택의 폭이 넓지요. 당일 수익 실현이 가능한 장점이 있으므로, 오전 시간이 여유로운 강점을 활용하여 주식이 활발하게 거래되는 오전 9시~10시 사이에 매매하기를 권합니다. 물론 쉽지 않겠지만, 이때 시장을 지켜보면 많은 것을 배우고 익힐 수 있기 때문에 주식 고수가 되기를 원한다면 이 시간을 꼭 사수해야 합니다. 참고로 시초가 매매와 단타 매매를 지향한다면 재무제표나 시황 분석은 크게 신경 쓰지 않아도 됩니다.

case 3. 시간 제한이 없는 프리랜서

매매 시간에 제한을 받지 않는다면 매매 시간 선택의 주도권이 있으므로 가장 편한 시간에 매매하면 됩니다. 여유 있는 오후 시간을 이용해서 종가 매매를 연구해도 괜찮습니다.

종가 매매 방식을 선택하면 하루에 마감되는 봉의 특징에 따라 다음 날 어떻게 변화할지 공부하면 됩니다. 이에 따라서 빠른 수익도 가능합니다. 물론 본인이 원한다면 스윙 매매나 시초가 매매 등 다양하게 접근할 수도 있습니다. 주식시장이 열리는 시간을 모두 활용하려면 시초가와 종가로 접근한다고 생각하면 됩니다. 하루 주식시장에서 가장 중요한 것이 시초가와 종가이기 때문입니다.

보통 이 정도 범위로 투자 방식을 구분할 수 있으니, 본인의 형편과 상황에 따라 공부를 시작하면 됩니다. 바쁜 직장인이라면 단타로 접근하고 싶어도 못합니다. 혹시 별도의 주식 프로그램을 개발해서 자동 매매를 운영한다면 말이 다르겠지만, 단타 수익률은 실시간 대응이 무엇보다 중요하기 때문에 평범한 직장인들에겐 쉽지 않은 것이 현실입니다.

단타로 접근하면 기본적으로 변동성이 높은 종목에 투자하게 되는데 이런 종목들은 잠시만 눈을 떼도 크게 손실을 볼 위험이 있습니다. 보통 주식에서 깡통 찼다는 사람들의 공통점은 단타를 치면서 빠르게 돈을 잃었다는 것입니다. 그러니 충분히 준비한 것이 아니라면 신중하게 접근하세요.

◆ 평범한 개인 투자자에게 필요한 것은 선택과 집중 ◆

바쁜 직장인들이라면 주식 공부를 할 때 재무제표 연구와 좋은 회사의 가치를 찾아내는 것을 가장 우선시하는 게 좋습니다. 다른 걸 배우지 말라는 게 아니라, 주식시장이 워낙 방대하다 보니 선택하고 집중해서 연구하고 공부하라는 뜻입니다.

사실 주식투자에서는 지식을 많이 습득하면 할수록 유리하지만 직장인이라면 그러기가 불가능하고, 제 경험으로 볼 때 지식의 양이 주식매매 성공에 절대적이지 않기 때문에 먼저 자신의 상황에 맞는 한 가지 매매 기법에 집중할 필요가 있습니다. 그러다 보면 그 외에도 주식에 관한 지식들을 자연스레 습득할 수 있게 됩니다.

주식투자에는 여러분이 미처 생각지 못한 매매 기법들이 많습니다. 저도 깜짝 놀랄 정도로 특이한 매매 기법을 본 적도 있습니다. 이렇듯 다양한 매매 기법이 존재하는 이유는 다양한 상황과 이벤트가 수시로 발생하는 주식 시장의 특성 때문입니다.

그러니 너무 많은 것을 배우려고 부담 갖지 마세요. 자신의 상황에 맞춰서 할 수 있는 매매 기법들을 연구하고 접근하면 됩니다. 많은 지식이 반드시 수익과 연결되는 것은 아님을 기억하세요. 여러분이 할 수 있는 환경 내에서도 충분히 수익을 낼 수 있는 기법들이 있으며, 이것을 연구하고 완성하면 더 단단하게 만들 수 있습니다.

제가 아는 고수들은 모두 한 가지 매매 기법에 충실합니다. 한 가지만 할 줄 아는 건 아니어도 최종적으로는 자신에게 편한 한 가지를 추구하게 되어 있습니다. 여러분도 열심히 노력하면 그렇게 될 수 있습니다. 그러니 처음부터 무리해서 불필요하게 힘을 빼는 일은 없어야겠지요?

이제 4부에서는 세력주 투자의 실제 매매 기법에 대한 이야기를 나눠보겠습니다. 충분히 검증한 기법이고 저 역시도 현재 이 기법을 토대로 매매하고 있으므로, 여러분이 주식을 매매하는 데 좋은 정보와 지침이 될 것이라고 생각합니다.

4부

마이너스 수익을
플러스로 바꾸는
실전 세력주
공략법

숨어 있는 세력주를
찾아라

◆ 규칙을 알면 세력주가 보인다 ◆

　수익을 내기 위해 지금부터 우리가 할 일은 세력주를 찾아내는 것입니다. 세력주에 대한 규칙만 알면 위험한 유혹에 빠지지 않고 실패를 막을 수 있을 뿐만 아니라, 더 나아가 세력주에 편입하여 수익을 낼 수도 있습니다.

　자, 세력들이 개인들을 끌어들일 때 그냥 끌어들일까요? 그렇지 않습니다. 이들은 단기간에 큰 상승이나 상한가 등을 만들어 개인 투자자들의 관심을 끌어들입니다. 즉, 먼저 주식을 사들여 주가를 끌어올리고 이후 개인 투자자들의 투자금이 몰리기를 기다렸다가 적당한 시기에 청산합니다.

　앞서 주가 조작의 의혹을 받았던 기업의 차트를 다시 가져왔습니다. 2017년 11월경에 빨간색 저항선을 돌파하면서 주가가 크게 오른 것을 알 수 있습니다.

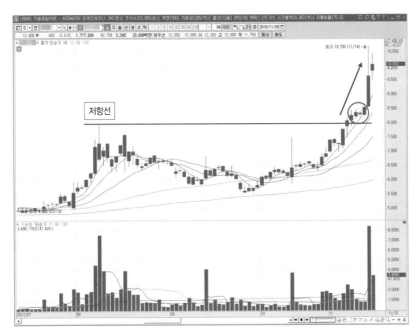

저항선 돌파 이후 큰 폭의 상승을 보이는 차트

　세력이 개입한다고 해서 곧바로 주가가 오르는 것은 아닙니다. 세력은 저항선 돌파 전에는 박스권을 유지하며 차곡차곡 주식을 매수하다가 저항선을 돌파하는 시점부터 특정 시점까지는 의도적으로 주가를 올립니다.

　결국 세력에게 당하지 않으려면 세력들이 저항을 돌파하여 주가를 올리는 그 시점을 노려야만 합니다. 세력들이 주가를 본격적으로 올리기 이전 시점이 해당 주식의 진짜 가격이 반영되는 시점이기 때문입니다.

　인위적으로 주가가 오르기 전에 미리 매수한다면 우리는 과열되지 않은 가격으로 주식을 사들인 것이 되므로 세력들 덕분에 수익을 얻는 셈이 됩니다.

그렇다면 매수 시점을 언제로 잡아야 할까요? 아래 차트를 보면 조금 더 이해하기 쉬울 것입니다.

박스 구간은 회사의 진짜 가치가 주식에 반영되어 매수해도 안전한 구간이다.

차트에 표시된 긴 횡보 구간은 주가를 본격적으로 올리기 전 회사의 진짜 가치가 반영된 구간입니다. 세력이 의도적으로 주가를 올리기 전의 시기로 이 시기에 주식을 사면 추후 상승을 노려볼 수 있습니다.

이런 식으로 매매가 진행될 때 타이밍을 잘 맞추면, 세력들이 주가를 올리는 시점에 매수하고 주가가 많이 상승한 뒤 매도하여 수익을 실현할 수 있습니다. 재미있는 것은 세력이 야금야금 주가를 올리는 시점에는 해당 주식이 뉴스에 전혀 언급되지 않는다는 점입니다. 세력들은 물량을 다른 이들에게 떠넘기고 싶을 때만 의도적으로 관련 호재를 언론에 띄웁니다. 개인 투자자들이 호재를 보고 주식을 매수했을 때는 이미 고점인 것이죠.

세력이 뉴스를 띄우는 일은 어렵지 않습니다. 이미 회사의 호재에 대해 알고 있기 때문에 적당한 타이밍에 언론사에 제보만 하면 되니까요. 그래서 주식시장에는 관련 뉴스가 나오면 이미 늦었으니 주식을 매수하지 말라는 암묵적인 공식이 존재하기도 합니다.

◆ 매수매도 타이밍은 언제가 좋을까? ◆

그럼 언제 주식을 사고팔아야 수익을 낼 수 있을까요? 그걸 알려면 세력들의 목표 수익률을 알아야 합니다. 세력들은 시가총액에 따라, 매집 물량과 뉴스에 띄우는 내용에 따라 목표 수익률을 달리 잡습니다. 보통 크게 오르는 종목은 치료제 관련 바이오주들입니다. 그 외 회사들은 해외시장 진출이나 인수합병 등의 호재로 주가를 올리기도 합니다. 각 종목마다 오르는 정도는 다르지만, 이렇듯 평균적으로 세력들이 주가를 올리는 정도가 존재하긴 합니다.

저는 개인적으로 세력들의 목표 수익률을 300%로 잡습니다. 쉽게 말해 1,000원이었던 주식이 5개월 이내에 300% 이상 급등하여 3,000원 이상이 되었다면 경계하고 조심합니다.

300% 이상 급등한 종목은 매수를 자제해야 한다.

위 차트에서 보듯 300% 이상 급등한 뒤부터는 이유가 어찌 됐든 매수를
자제해야 합니다. 300% 급등한 이후로 차트에 변동성이 강해지는데, 이것
은 세력들이 물량을 버리면서 빠져나오기 때문에 흔들리는 것으로 볼 수 있
습니다. 세력들의 목표 수익률은 오직 세력만이 알 수 있는 데다, 그들 역시
시장을 100% 조종하지는 못하므로 그들의 목표 수익률을 미리 예측하거나
가늠하기는 쉽지 않습니다. 다만, 제가 알려드린 기준만 지킨다면 세력들이
물량을 버릴 때 휘말려 크게 손실 보는 위험은 피할 수 있을 것입니다.

◆ 매집을 알면 매수 타이밍이 보인다 ◆

다음으로, 세력들이 목표 수익률에 도달하기 전에 매수하려면 세력들의 매집을 구분할 줄 알아야 합니다. 매집이란 야금야금 주식을 사들이는 것을 말합니다. 앞서 말했듯 세력들은 매집 단계 이후부터 300% 이상 주가 상승을 목표로 하므로, 현재 매집이 진행 중인지 확인하지도 않고 아무 종목에나 돈을 넣으면 안 됩니다. 그럼 세력들의 매집을 어떻게 알아볼 수 있을까요? 두 가지 방법이 있습니다.

① 장기간 횡보하는 차트

세력들은 주가를 장악하기 위해서 장기간에 걸쳐 물량 매집 작업에 들어갑니다. 자기들끼리 주식을 사고팔아 시세를 조작하는 자전거래를 하기 위해서는 해당 회사의 주식을 상당부분 확보해야만 합니다. 차트상 일정 가격을 유지하면서 1년 이상 길게 횡보하는 주식은 세력들이 물량을 모으고 있다고 보면 됩니다. 장기간 횡보 이후 300% 이상 크게 오르는 종목들 대부분이 이처럼 긴 횡보 구간을 거쳤다는 공통점을 지닙니다(104쪽 참고).

② 폭발적인 반짝 거래량

시간을 아무리 길게 끌어도 원하는 만큼 주식을 충분히 사들일 수는 없습니다. 그래서 세력은 여러 가지 방법으로 매집을 시도하는데 그중 하나가 거래량 폭발입니다. 아무 일도 없던 주식인데 거래량이 폭발적으로 늘어난다면 이는 회사에 무슨 사건이 발생한 경우이고, 악재보다는 호재로 인한

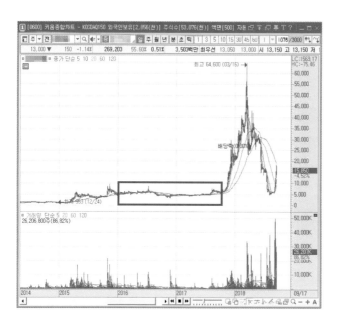

세력들이 장기간 매집하여 긴 횡보 구간을 보이는 차트

경우가 대부분입니다.

　이때 기존에 주식을 들고 있던 이들에게는 호재로 인해 상승한 주식을 팔고 싶어 하는 심리가 생깁니다. 그래서 주가는 잠시 동안 올랐다가 차익실현 물량 때문에 다시 주저앉고, 결국 이 물량을 세력들이 사들입니다.

　차트상에 이런 흔적이 보인다면 세력의 매집으로 의심해볼 수 있습니다. 이때만큼은 거래량을 속일 수 없기 때문에 거래량을 체크하면 세력의 매집 종목을 발견할 수 있는 것이죠.

　아래 일봉 차트의 경우 2016년 6월경에 이례적으로 대량 거래량이 발생했지만 그에 비해 주가는 두 배도 오르지 못하고 꺼졌습니다. 세력들은 이런 식으로 기존에 주식을 들고 있던 투자자들을 흔들어 주식을 팔도록 유도

압도적인 거래량 발생 후 세력들의 매집이 이어지는 차트

하여 매집합니다.

이렇게 두 가지 방법을 활용하여 세력 매집 구간을 확인하면 차트를 보다 안전하게 공략하면서 주식을 매수할 수 있을 것입니다. 여기서 우리가 알아두어야 할 것은 세력들은 어떻게든 주가를 올린다는 것과 고점에서 개인들에게 물량을 떠넘긴다는 것입니다. 이런 동일한 패턴에 매번 속아 넘어가는 개인 투자자들이 많습니다. 이제는 보다 똑똑해져서 반대로 대응하여 세력들의 매집 구간을 이용할 수 있어야 할 것입니다.

◆ 매집 상태와 차트 상승폭 확인 ◆

세력주를 공략하기 위해서는 앞서 설명한 바와 같이 세력들의 매집 상태를 잘 살펴봐야 하고, 차트가 저점에서부터 얼마나 올랐는지 체크해야만 합니다. 이후 주가가 저렴해질 때마다 매수에 들어간다면, 세력주가 큰 폭으로 상승할 때 좋은 가격에서 주식을 팔아 수익을 실현할 수 있을 것입니다.

세력들은 개인 투자자들의 심리를 꿰뚫고 있기 때문에 차트를 계속 흔들면서 주식을 매집해 나갑니다. 그러니 이 사실을 알고 잘 적용하기 위해서는 많은 경험을 통해 실력을 쌓아야만 합니다. 세력주 차트를 찾는 능력은 주식 수익률과 직접적으로 연관된다는 점을 잊지 말기 바랍니다.

세력은
소형주에 몰린다

◆ 투자자들에게 매력적인 소형주 차트 ◆

확률적으로 차트분석이 잘 먹히고 심리가 단순해지는 차트는 바로 '소형주' 차트입니다. 소형주는 대형주보다 돈의 규모가 작기 때문에 패턴과 움직임이 단순합니다. 그래서 과거의 차트 모양이 미래를 예측하는 데 좋은 그림이 되어줍니다.

소형주의 명확한 기준은 없으나 저는 주당 2만원 미만의 종목을 소형주로 봅니다. 시가총액으로는 2,000억원 이하의 종목을 소형주로 분류하기도 합니다. 소형주는 특징이 있는데, 바로 '세력'이 주가를 움직이기 쉽다는 것입니다.

소형주는 주당 가격이 낮고, 세력들이 유통되는 주식을 모아 장악하기 쉽습니다. 세력이 개입한 종목은 차트가 인위적인 모양을 띠는 경우가 상당히 많습니다. 차트 모양을 패턴으로 나타낼 수 있기에 후행성이 아니라 미래를 예측하는 선행성 차트로 활용할 수 있습니다.

세력이 개입한 소형주의 패턴을 몇 가지 보여드리겠습니다. 아래 차트의 동그라미 표시 부분을 보면 대량 거래량이 이틀 연속 발생한 것을 볼 수 있습니다. 또한 주가가 박스권으로 움직이다가 대량 거래량 발생 이후 밀려나는 것을 관찰할 수 있습니다. 두 달 뒤에 주가가 크게 상승하는 모습도 보입니다. 일시적이긴 하지만 대량 거래량을 미리 관측하고 차트에 접근한다면 3개월 뒤 수익권에 도달할 수 있습니다.

대량 거래량 발생 후 일시적으로 주가가 하락했다가 이후 상승하는 차트

또 다른 차트입니다. 거래량 표시창을 보면 거래량이 대량으로 두 번 발

생했음을 볼 수 있습니다. 주가는 이후로 조정을 받다가 큰 폭으로 상승했습니다. 이는 세력주 패턴의 대표적인 움직임인 수급에 따른 상승이라고 볼 수 있습니다.

대량 거래량 발생 → 주가 하락 → 상승을 보이는 전형적인 세력주 패턴 차트

이렇게 소형주 차트분석을 계속 시도하다 보면 동일한 패턴이 눈에 들어오고, 매수해야 하는 시점들이 눈에 보이기 시작합니다.

◆ 소형주와 대형주의 차이는 패턴 ◆

실제로 차트분석을 잘하는 사람들은 소형주에 접근하여 수익률을 올리는 경우가 많습니다. 그럼 대형주나 우량주는 분석이 불가능할까요? 그렇지는 않지만 소형주보다 어렵습니다.

소형주가 주가를 주도하는 세력이 하나라면, 우량주는 유통되는 주식이 많아서 주가를 주도하는 세력들이 다양하기 때문입니다. 다양한 자금들을 통제하기란 쉬운 일이 아니죠. 그래서 대형주들은 한쪽으로 흐름이 결정되면 수개월 동안 같은 방향으로 흘러가는 특징이 있습니다. 그 흐름이 어디까지 흘러갈지 알 수 없으므로 적절한 맥점을 공략하기가 소형주만큼 쉽지는 않습니다.

결국 차트의 선행성은 주로 소형주에 적용할 수 있다는 결론이 나옵니다. 차트는 과거를 나타낼 뿐이라는 말은 세력들의 동일한 패턴을 모르고 하는 말입니다.

단, 이를 확신하기 위해서는 다양한 차트분석 경험과 지속적인 연구가 필요할 것입니다. 어떻게 보면 쉬운 것처럼 말했지만 실전투자에서는 세력들과 투자자들 간에 미묘한 줄다리기와 심리 싸움이 지속됩니다. 세력들은 주가를 곧 무너뜨리기라도 할 것처럼 겁을 주면서 차트를 만들어 갑니다. 차트분석가들은 그것이 속임수인지 아닌지 구분하면서 주식을 매매하죠. 이런 과정을 반복하는 경험을 단기간에 쌓을 수는 없으니 차근차근 실력을 갖춰나가시길 바랍니다.

세력을 알리는 신호 ①
밀림 현상

지금부터는 세력들이 매집을 마친 뒤 주가가 본격적으로 상승하기 전 보이는 움직임에 대해서 이야기를 나눠보겠습니다. 저처럼 차트를 오래 연구한 주식투자자들은 기본적으로 아는 내용이고 공통된 이론이니 여러분도 잘 배워두시길 바랍니다.

◆ 오르기 전 한 발 후퇴한다 ◆

주식은 크게 오르기 전에 반드시 한 발 후퇴하는 과정을 거칩니다. 이는 곧 주가가 내려가는 것을 의미합니다. 주가가 내려가는 이유는 주식을 많이 보유한 세력들이 주식을 저가에 매집하기 위해 주가를 의도적으로 끌어내리는 것으로 이해하면 됩니다.

일시적으로 주가가 내려가면 개인 투자자들은 공포심리에 빠져 쉽게 매도하거나, 주가가 조금만 올라도 다시 떨어지기 전에 성급히 매도하는 경향을 보입니다. 이렇게 지지선을 이탈하여 내려가는 것을 '주가 밀림 현상'이라고 말합니다. 세력들 입장에서는 이러한 주가 밀림 현상을 통해 손쉽게 주식을 매집할 수 있습니다.

주가 상승 전 밀림 현상이 발생하는 차트

위 차트를 보면 주가가 크게 오르기 이전에 지지선을 무너뜨리면서 주가가 밀리는 현상을 볼 수 있습니다. 여기서 파란색 선은 지지선을 나타냅니다. 한 번 밀린 이후에는 주가가 쉬지 않고 오르는데, 이것으로 미뤄볼 때 이 밀림 현상은 본격적으로 주가가 오르기 전에 이 주식을 들고 있는 개인 투자자들을 쫓아내려는 세력들의 전략이라고 볼 수 있습니다. 꼭 이렇게 세력의 관점에서 보지 않더라도 한 번 오르기 전에 밀림 현상이 발생하는 경우는 흔히 볼 수 있습니다.

주가가 한 번 밀렸다가 다시 오르는 다른 차트를 살펴보겠습니다. 지지선이 무너지는 주가 밀림 현상 이후 주가가 오르는 것을 확인할 수 있습니다.

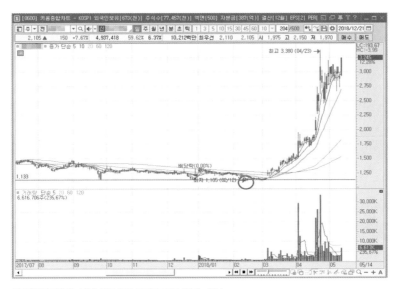

지지선이 무너지는 밀림 현상 이후 주가가 다시 오르는 차트

◆ 빠져나가는 만큼 들어와야 올라갈 힘을 얻는다 ◆

주가가 원활하게 오르기 위해서는 기존 투자자들이 합심해서 하나가 되어야 합니다. 이게 무슨 말일까요? 중간에 매도하거나 큰손들이 이탈하면

안 된다는 말입니다. 매수가 계속 들어오는 범위 안에서는 다 같이 주식을 들고 있어야지 팔면 안 됩니다. **매수와 매도가 비슷하게 이루어지며 횡보를 유지해야 힘을 받아서 주가 급등을 노릴 수 있습니다.**

자금이 이탈해 나가면 주가가 떨어지겠죠? 이럴 때는 시장에 나온 주식을 다시 사들여 주가를 유지해야 추후 오를 때 더욱 힘을 받을 수 있습니다. 그러나 현실적으로 떨어지는 주식을 계속 사들이기에는 세력들도 자금의 압박이 있습니다. 바로 이 점 때문에 주가가 오르려면 모든 투자자들이 합심해서 주식을 팔지 않아야 하고, 개인 투자자가 이탈하며 매도한 만큼 꾸준히 매수세가 들어와야 합니다.

이런 현상은 사실상 회사의 강한 호재 없이는 불가능에 가까우므로 세력들은 주식을 의도적으로 밀어내기도 하고, 주가 흐름을 안정적으로 이끌기 위해 매도되는 주식을 사들이기도 합니다. 이에 대한 정확한 근거를 제시하거나 찾을 수는 없지만, 정황상 주가가 크게 오르기 위해서는 중간에 이탈하는 자금이 없어야 하는 것은 맞는 사실입니다. 그렇기 때문에 주가가 크게 오르려면 세력들의 안정적인 매집이 필요합니다. 주가 밀림 현상은 이런 매집을 위한 전 단계로 이해하면 됩니다. 그러면 밀림 현상을 제대로 이해하고, 발견하고, 공략하려면 어떻게 해야 할까요?

◆ 밀림 현상, 진짜와 가짜를 구분하자 ◆

주가 밀림 현상은 진짜일 수도 있고 가짜일 수도 있습니다. 진짜 밀림 현상은 세력의 개입 없이 회사에 악재가 겹치거나 투자자들이 기업에 매력을 못 느껴 매도를 거듭해 주가가 내려가는 것을 말합니다. 이럴 때는 주가가 계속 하락세를 탈 가능성이 높기 때문에 잘못 매수했다가는 손실을 볼 위험이 큽니다.

따라서 진짜와 가짜를 구분해야 하며, 그러려면 주가 밀림 현상 이후 주가의 움직임을 관찰하는 방법이 최선입니다. 보통 세력이 개입된 종목은 밀림 현상 이후 주가가 곧 회복됩니다. 주가가 밀리기 전 가격대로 금방 돌아오죠. 주가가 오르기 위해서는 결국 이전 가격대로 진입할 수밖에 없습니다. 세력들이 개입한 주식은 그 속도가 빠를 뿐입니다.

지지선 이탈 후 빠른 속도로 주가를 회복하는 차트

위 차트에서는 파란색 지지선을 이탈하고 난 뒤에 일봉 4봉 만에 지지선 가격을 회복하는 모습을 볼 수 있습니다. 주가 밀림 현상이 세력들이 차트를 관리해서 생기는 것이라면 이처럼 주가가 회복되는 속도가 무척 빠릅니다.

아래 차트에서도 마찬가지로 주가가 지지선을 이탈한 뒤에 빠른 속도로 회복한 다음 크게 오르는 것을 볼 수 있습니다.

지지선 이탈 후 빠른 속도로 주가 회복

오른쪽 차트에서도 역시 지지선 이탈 이후 빠른 속도로 주가가 회복되는 것을 볼 수 있습니다. 지지선 이탈 급락폭을 살펴보면 지지선에서 약 -21% 가 빠졌습니다.

이렇게 단번에 -21%나 주가가 밀린 종목이 단 며칠 만에 회복된다는 것

-21% 하락 후 빠르게 주가 회복

은 인위적인 세력의 도움 없이는 어려운 일입니다. 빠진 수치를 감안하면, 일봉 12봉 만에 주가를 회복하고 급등한 것은 상당히 빠른 시간으로 인위적인 세력의 개입이 있었다고 판단됩니다.

◆ 가짜 밀림 현상은 큰 폭의 상승을 동반한다 ◆

만약 주식을 매수했는데 주가 밀림 현상으로 인해 지지선을 이탈하면서 하락했다면 영업일 기준으로 4~10일 정도는 지켜봐야 합니다. 주식은 항상 상황을 살피면서 상태를 판단해야 하기 때문입니다. 진짜 하락이라면 그 이후로도 계속 하락세가 이어질 것입니다. 하지만 세력에 의한 가짜 하락이라면 주가가 금방 회복되어 오히려 큰 폭으로 상승할 것입니다.

이런 개념을 알면 주식을 매매할 때 일희일비하지 않고 침착함을 유지할 수 있습니다. 세력들이 주가 밀림 현상을 만드는 목적은 주식 매집을 위해서인 동시에 개인 투자자들에게 공포심을 심기 위해서입니다. 이러한 공포를 극복하려면 쭉 지켜보는 인내와 어떤 상황에서든 냉정하게 분석하는 침착함이 필요합니다.

보통 시가총액이 2,000억원 이하인 작은 규모의 회사에서 세력이 개입한 것으로 추정되는 주가 밀림 현상과 급등주가 자주 출현합니다. 그 이상의 우량주들에서 보이는 주가 밀림 현상은 '진짜'일 가능성이 높으니 잘 구분하기 바랍니다. 이런 기본적인 개념을 알아두면 주식매매에 큰 도움이 될 것입니다.

세력을 알리는 신호 ②
이동평균선 수렴

◆ 관심이 줄어들 때가 매수의 적기 ◆

투자의 절대 법칙은 모두가 수익을 얻을 수는 없다는 것입니다. 이 원리를 차트에 대입해 보면 모두가 매수하는 시점에 나도 따라서 매수하면 매매에 실패할 확률이 상당히 높아집니다. 모두가 매수한 시점에는 이미 주가가 많이 올라 있기 때문이죠. 그 뒤로는 시세차익을 실현한 매도 물량이 쏟아져서 주가가 내려갈 확률이 더 높아집니다. 이것은 자연의 섭리와 같아서 이 원리를 거스르며 투자로 돈을 벌기란 쉽지 않습니다.

그럼 수익을 얻을 수 있는 투자 시기는 언제일까요? 바로 투자자들의 관심이 덜해질 때입니다. 이 시기는 차트상 이동평균선◆ 수렴으로 확인할

이동평균선

5일, 10일, 20일 등 일정 기간의 주가 흐름을 기간에 따른 평균값으로 나타낸 선을 말한다. 이를 통해 주가 흐름을 판단할 수 있으며 차후 움직임을 예측해볼 수 있는 지표이다.

수 있습니다. 줄여서 이평선(이동평균선) 수렴이라고 하겠습니다.

　이평선 수렴은 각각의 이동평균선들이 모이는 시점을 말합니다. 보통 5
일선, 10일선, 20일선, 60일선까지 활용합니다. 장기 이동평균선인 120일
선도 사용하는데, 이평선 수렴을 확인할 때는 5~60일선까지만 봐도 무방합
니다.

이동평균선이 서로 겹쳐 수렴하고 있다.

◆ 투자자의 관심이 사라지면 이동평균선이 수렴한다 ◆

이동평균선이 수렴하는 이유는 종목에 대한 투자자들의 관심이 점점 사라져 매수 혹은 매도 움직임이 없어지기 때문입니다. 만약 매수세가 강해지면 차트의 봉들은 이동평균선 위에 자리 잡을 것입니다.

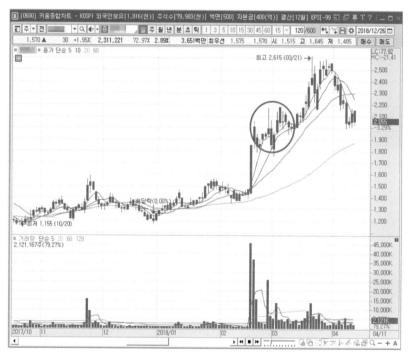

매수세가 강하면 봉들이 이동평균선 위에 자리 잡는다.

반대로 매도세가 강하면 이동평균선 아래로 봉들이 자리를 잡습니다. 매수와 매도의 균형이 한쪽으로 크게 치우칠 때는 봉들이 이동평균선 위 또는 아래로 자리를 잡습니다. 그런데 매수와 매도의 밀고 당기기가 끝나면 균형을 이루면서 거래량이 줄어들고 이동평균선은 결국 수렴하게 되죠. 즉, 아무도 관심을 갖지 않는 시점이 됩니다.

◆ 이평선 수렴 이후 차트는 한쪽으로 크게 이동한다 ◆

그럼 이평선 수렴 이후에는 어떤 변화가 일어날까요? 보통 이평선 수렴 이후에는 위든 아래든 한쪽 방향으로 크게 흘러가는 경향을 보입니다. 거래량이 줄면서 매수매도의 균형이 이루어진 시점에서 이 균형을 깨뜨리려면 보다 강한 매수세나 매도세가 들어와야 합니다. 이때 어느 쪽에서든 힘이 강하게 들어오면 순간적으로 균형이 깨지기 때문에 이평선 수렴 이후 차트는 평상시보다 크게 오르내리는 특징이 생기죠.

구체적으로 말하면 이평선 수렴 상태에서는 투자자들의 관심이 줄어드므로, 누군가 매수 주문을 넣으면 매도 반응이 늦어서 주가가 오르기 쉬워집니다. 생각해 보세요. 한참 종목이 관심을 끌 때 누군가 매수 주문을 넣어서 주가가 오른다면 그 주식을 보유하고 있던 기존 투자자들은 매도하고 싶겠지요? 누군가 매수하여 주가가 올라 시세차익이 발생했으니까요.

이평선 수렴 이후 발생하는 상승은 이처럼 매우 크기 때문에 이때 차트 공략을 잘하면 높은 수익을 얻을 수 있는 장점이 있습니다. 다음 두 차트에서 이평선 수렴 이후 주가가 상승세로 이어지는 것을 볼 수 있습니다. 이러한 차트의 움직임은 다른 사례에서도 다양하게 찾아볼 수 있습니다.

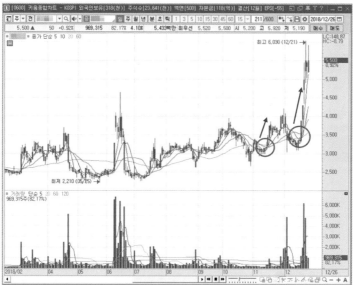

이평선 수렴 이후 큰 폭의 상승을 보이는 차트들

◆ 거래량까지 확인해야 확실한 매수 타이밍을 잡을 수 있다 ◆

이평선 수렴이라고 해서 무조건 매수하면 안 됩니다. 먼저 거래량을 살펴볼 필요가 있습니다. 이평선이 수렴했지만 거래량이 많아 주식이 활발하게 거래되고 있다면 균형을 깨기가 어려울 수도 있습니다. 반면에 거래량이 평상시 대비 낮으면 적절한 매수 시점이라고 볼 수 있습니다.

아래 차트를 볼까요? 동그라미 표시 부분을 보면 5, 10, 20, 60일선이 모두 수렴한 것을 확인할 수 있습니다. 그리고 해당 시기 거래량을 보면, 최근 4개월 이내의 거래량 중에 가장 거래량이 적었던 시점과 이평선 수렴이 일치하는 것을 볼 수 있습니다. 이때가 사람들이 이 주식에 관심을 갖지 않은 시점이라고 생각하면 됩니다.

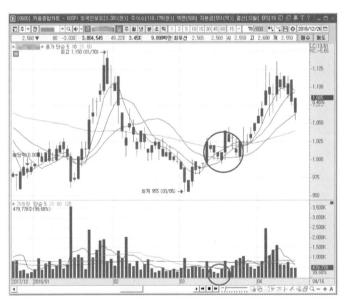

이평선이 수렴하면서 거래량이 낮은 시기를 찾는다.

반면에 우하향 차트에서는 이평선이 수렴해도 매수하지 않는 게 좋습니다. 차트를 1년 정도 길이로 관찰했을 때 그래프가 아래쪽으로 내려가는 것은 긴 시간 동안 매수세보다 매도세가 더 강하다는 뜻이며, 이런 차트들은 주가가 매도세를 뚫고 오르기 어렵기 때문입니다.

아래 차트에서는 1년 동안 주가가 오르지 못하고 큰 하락세로 이어지는 것을 볼 수 있습니다. 동그라미 표시 부분처럼 이평선 수렴이 된다 해도 기본 매도세가 강한 흐름을 띨 때는 매수세가 들어오기 쉽지 않습니다. 매수세가 조금만 들어오려고 해도 매도세가 강하게 작용하여 주가가 오르지 못하게 방해하는 경우도 많습니다.

1년 이상 하향세를 보이는 차트에서는 매수세가 매도세를 뚫기 어렵다.

✦ 매도와 매수의 힘겨루기 ✦

　여기서 잠깐, 매도세가 작용한다는 말의 의미를 알려드리겠습니다. 주식 매매는 투자자들 간에 물량을 사고파는 행위입니다. 높은 가격에 주식을 샀는데 주가가 내려가면 손해를 보게 됩니다. 이렇게 손해 본 사람들이 늘어나면 주가가 오르지 못합니다. 손해 본 사람들이 중간 중간 주식을 매도하기 때문입니다.

　이들은 주가가 조금이라도 오르면 손실을 최소화하기 위해 부분적으로 매도하거나 전량 매도합니다. 이런 투자자들의 심리는 공통적이어서 우하향 차트의 경우 매도 물량이 줄을 서기에 주가가 쉽사리 상승하지 못합니다. 그렇다면 우상향으로 관측되는 차트를 한번 살펴보겠습니다.

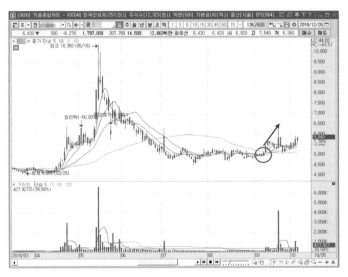

우상향 차트는 이평선 수렴 이후 상승세를 보인다.

이 차트를 보면 우하향 차트로 보이지만 큰 흐름을 볼 때 과거 주식 가격보다 더 높아진 가격, 즉 우상향으로 천천히 이동하는 차트라는 걸 알 수 있습니다. 동그라미 표시 부분에서 이평선 수렴 이후 주가가 조금씩 상승하는 것을 볼 수 있죠.

아래에 또 다른 차트를 가져왔습니다. 오른쪽으로 갈수록 주가가 오르는 전형적인 우상향 차트입니다. 동그라미 표시 부분의 이평선 수렴 시점에 거래량을 확인하고 매수하면, 주가가 오르는 데 제한이 없고 오히려 전 고점대를 돌파하면서 더 수월하게 오르는 것을 볼 수 있습니다.

전 고점대 돌파란 이전에 크게 올라온 고점대를 뚫고 주가가 강하게 급등하는 것을 말합니다. 주가는 전 고점대를 돌파하면 매수세가 매도세보다

전 고점대 돌파 후 급등한 우상향 차트

더 큰 힘으로 오르게 되어 있습니다.

◆ 세력주 매수 공략에 탁월한 이평선 수렴 매매 ◆

이렇게 이평선 수렴도 공략 지점이 정해져 있고 더 수월하게 오르는 차트 패턴도 정해져 있습니다. 이평선 수렴을 활용한 매매는 세력주를 공략하는 가장 기초적이고 강력한 매수 포인트입니다. 이평선 수렴을 활용하여 더 다양한 방법으로 주식을 매매할 수도 있습니다.

예를 들면 지금은 일봉에서 이평선 수렴을 적용했지만 일봉이 아닌 분봉과 초봉에서도 활용할 수 있으며, 주봉과 월봉에서도 활용할 수 있습니다. 물론 그때마다 사용하는 이동평균선의 값은 달라집니다. 일봉에서는 기본적으로 5, 10, 20, 60일선을 사용합니다. 지금까지 배운 내용들을 토대로 여러 차트들을 비교하면서 살펴보고, 특정 패턴을 찾아 매수 지점을 놓치지 않도록 꼼꼼하게 관찰하길 바랍니다.

지금까지 소개한 매수 개념은 그리 어렵지 않았을 것입니다. 하지만 더욱 중요한 것은 실전에서 타이밍을 놓치지 않기 위해 꾸준히 차트를 찾고 열람하는 것입니다. 이것은 좋은 주식투자자, 좋은 차트분석가가 지녀야 할 기본적인 소양이므로 평소 차트를 보는 일에 열과 성을 다하길 바랍니다.

세력을 알리는 신호 ③
저항대 돌파

◆ 급등 시그널! 신고가 갱신 ◆

주가가 오르려면 결국 신고가를 갱신해야 합니다. 신고가란 정해진 시간 범위 안에서 오른 최고 가격을 말합니다. 올해 들어 최고가는 연초 신고가, 최근 52주간 거래 중 최고가는 52주 신고가라고 합니다.

신고가를 갱신한 종목은 이전에 유지하던 가격대를 뛰어넘어 많은 투자자들의 관심을 받게 됩니다. 그리고 해당 주식의 한계치가 어디인지 알고 싶어 하는 투자자들로 인해 주가가 보다 수월하게 오르며, 보통 신고가 갱신 이후에는 저항대를 돌파하면서 오릅니다.

차트상에서 저항대란 이전 고점대를 말합니다. 고점대에는 항상 많은 사람들의 물량들이 묶여 있는 법입니다. 고점대에 주식 자금이 묶여 있는 사람들은 본전을 찾거나 수익이 나면 매도하기 때문에 보통은 매수세가 저항

두 차례에 걸쳐 저항대를 뚫지 못한 차트

대를 뚫기 힘들다고 봐야 합니다.

위 차트의 상단에서 일봉상 동그라미 표시 부분이 저항대라는 것을 알 수 있습니다. 이후 흐름에서 빨간색 화살표들이 저항대에 맞고 떨어지는 것을 볼 수 있습니다. 이것은 동그라미 부분 저항대에서 매도하지 못하고 더 오를 것을 기대하는 투자자들이 많아서 나타나는 현상입니다.

이 사실을 확인할 수 있는 부분이 바로 하단의 거래량 표시창입니다. 동그라미 표시 부분을 보면 저항대 형성 이후 평소보다 많은 거래량이 발생했음을 볼 수 있습니다. 이것은 주가가 고점을 찍자 따라 들어온 매수자들로 인해 생긴 것입니다. 즉, 저 부분에서 많은 매수와 매도가 이뤄졌으며 일부는 매도하고 나왔으나, 미처 매도하지 못한 일부 투자자들이 저항대를 형성했다고 볼 수 있습니다.

◆ 한 번 더 고점 찍으면 매도해야지 ◆

단순하게 생각하면 됩니다. 여러분이 주식투자를 하는데 만약 고점대에 들어가서 손해를 본다면 어떤 마음이 생길 것 같나요? 대부분이 손실 나는 계좌를 보면서 불안해하며 원금만 회복하면 그 즉시 찾고 싶어 할 것입니다. 물론 모두가 그렇지는 않겠지만 대부분의 투자자들이 이러한 심리를 갖고 있는 것이 사실입니다.

이 때문에 주가가 밀렸다가 다시 고점대에 진입하려고 할 때 원금을 회복하려는 투자자들의 매도 물량이 쏟아지면서 신고가를 갱신하지 못하는 현상이 발생합니다. 그러니 신고가를 갱신하면서 전 고점 매물대를 뚫는다는 것이 얼마나 큰 의미를 갖고 있는지 아시겠지요? 매수세가 매도하려는 사람들의 거대한 매도 물량을 뛰어넘었으니까요. 이는 즉, 커다란 매수 세력이 들어왔다는 것을 의미하며 해당 주식에 큰 호재가 발생했다고 볼 수 있습니다.

다음 차트를 보면서 저항대의 개념을 다시 한번 이해해 보세요.

저항대 돌파 이후 신고가를 갱신한 차트

◆ 저항대를 돌파하면 주식은 급등한다 ◆

좋은 주식은 저항대를 뚫으며 신고가를 계속 갱신합니다. 주식 매수심리를 자극해 매수세가 강해지는 차트는 저항대를 돌파하는 차트들입니다. 이렇게 저항대를 돌파하는 시점에는 항상 강한 급등이 발생합니다. 지금부터 저항대를 돌파하는 차트들의 특징을 살펴볼까요?

저항대 돌파 이후 급등한 차트들

　위의 차트들을 예시로 살펴보면 저항대를 돌파하는 시점에서 항상 강한 롱바디 양봉을 만들어 내는 것을 볼 수 있습니다. 이유는 간단합니다. 앞서 말한 것과 같이 저항대를 돌파하고 신고가를 갱신하면 더 오를 것을 기대하는 투자자들의 매수 물량이 쏟아져 들어오기 때문입니다. 이것은 주식매매에서 기본적인 개념입니다. 이 돌파 시점을 기준으로 주식을 공략할 필요가 있습니다. 이렇게 저항대를 돌파한 종목들은 시장에서 관심을 끌며 새로운 자금을 끌어들이는 데 큰 역할을 합니다. 때문에 그 사이에 잘만 매매하면 단기간에 강하게 상승하며 급등한 종목을 공략할 수 있습니다. 그럼 저항대를 돌파한 종목을 어떻게 공략해야 할까요?

◆ 갭 띄우며 저항대 돌파한 차트는 당일 공략! ◆

갭을 띄운다는 것은 전일 종가 대비 오늘 시작 가격이 큰 폭으로 상승하는 것을 말합니다. 그 틈 사이가 벌어져 보이기 때문에 갭을 띄운다고 말합니다(다른 말로 갭 상승). 만약 주가가 전 고점을 이렇게 띄워서 뚫는다면 해당 주식을 바로 매수할 필요가 있습니다.

고점 이후 갭이 발생하며 급등한 차트

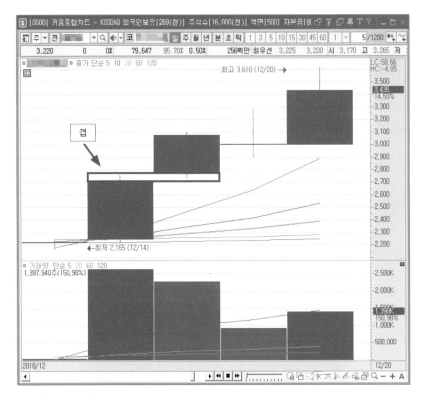

갭이 보이는 차트 예시

보통 주식에서 그날 시작 가격을 전일 종가보다 높게 띄우면서 시작하면 강한 호재를 동반한 경우라고 볼 수 있습니다. 만약 호재가 없다면 강한 매수 세력이 개입했다고 보면 됩니다. 거기다가 전 고점까지 돌파하면서 갭을 띄웠다면 더욱더 의미가 있겠죠.

이런 종목들은 주식시장이 열리는 오전에 바로 매수해도 좋습니다. 물론 주가가 아직 높이 뜨지 않은, 저항대를 갓 돌파한 시점인 오전 9시에서 9시 10분 사이에 매수하는 것이 적절합니다.

갭 상승으로 전 고점 돌파를 시작한 종목은 당일 강세 종목일 가능성이 높으니 기회를 잘 포착하기 바랍니다.

◆ 저항대 돌파 후 5일선 매매 전략 ◆

5일선 매매 전략은 5일 이동평균선에 일봉 캔들이 붙어 있는 차트를 보고 주식을 매수하여 수익을 내는 기법입니다. 다음 차트들을 볼까요? 차트상의 분홍색 선이 5일선입니다.

5일 이동평균선에 일봉 캔들이 붙어 있는 차트들

세 차트를 보면 분홍색 선인 5일 이동평균선에 일봉 캔들이 붙은 이후 주가가 소폭 상승하는 것을 볼 수 있습니다. 이렇게 5일 이동평균선에 붙어 있는 봉을 매수했다가 주가가 오르는 타이밍에 매도하여 수익을 내는 기술이 5일선 매매 전략입니다.

5일선 매매 전략은 다양한 관점에서 매수 기술로 많이 활용됩니다. 그이유는 한 번 상승 흐름을 받은 종목이 강한 흐름을 이어갈 때 5일선을 유지하면서 그 근방으로 차트가 움직이는 경우가 상당히 많기 때문입니다.

5일선 위로 크게 오른 차트들은 급락의 위험성이 많은 반면에 5일선에서 움직이는 차트들은 등락률이 높지 않아 상대적으로 안정적입니다. 저항선 돌파 이후 5일선에 붙어 있는 차트를 공략하는 것이 포인트라고 할 수 있습니다. 그럼 실전에 적용해서 살펴볼까요?

저항대 돌파 후 5일선에 붙어 다음 날 16.5%의 수익률 발생

저항대 돌파 후 5일선에 붙어 다음 날 24.22%의 수익률 발생

　이 차트들에 나타나듯 먼저 전 고점을 잘 확인하고 힘 있게 돌파하는지 지켜보는 것이 중요합니다. 보통은 저항대를 돌파하면서 신고가를 갱신할 때는 매수세가 강하게 들어오는 것이 기본입니다. 이후 차트의 움직임을 주시하면서 5일선에 붙어서 매매해야 합니다. 5일선에 붙지 않고 바로 오르는 경우도 있는가 하면 5일선에 붙을 생각도 안 하고 바로 급락하는 경우도 있습니다. 따라서 매수세가 최소한 5일선을 밟고 올라오는지 눈으로 확인하는 것이 좋습니다.

✦ 매도는 되도록 빠르게 ✦

이 시점에 맞춰서 매수했다면 되도록 빨리 매도하는 편이 좋습니다. 저
항대를 돌파한 직후부터 사람들의 관심이 모이면서 돈의 회전 속도가 빨라
지고, 급등과 급락이 빠르게 나타납니다. 보통 일주일 이내에 관심이 식어
버리므로 그 안에 수익을 챙기거나 아니다 싶은 종목이라면 손실을 감수하
더라도 빠져나와야 합니다.

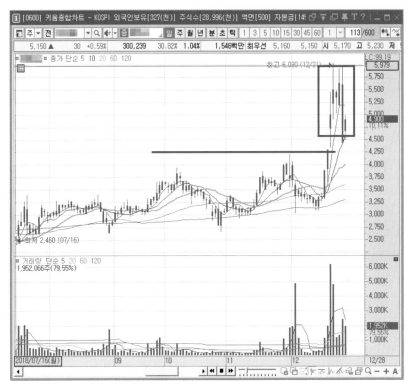

저항대 돌파 이후 급등과 급락을 보이는 차트

손실을 감수하면서 주식을 매도하는 것을 '손절매'라고 합니다. 만약 저항대 돌파 후 5일선 매매 전략으로 접근했는데 1주일 이내에 수익권에 도달하지 못한다면 과감하게 매도해야 합니다. 차트가 크게 밀릴 수도 있는 영향권에 들어 있어서 큰 손실을 입을 수도 있기 때문입니다.

초보자들은 이러한 변동성에 익숙하지 않고, 직장인들 역시 대응하기 어려우니 되도록 5일선에 잘 붙어 있는 종목을 매수하세요. 그러나 항상 주시해야 하는 영역에 진입한 사실을 잊지 말아야 합니다.

보통 저항대를 돌파하는 타이밍을 잘 찾았다면 그 시기 안에 수익을 낼 수 있지만 많은 연습이 필요합니다. 주가가 크게 오르려면 숙명적으로 저항대를 돌파하고 신고가를 갱신해야 합니다. 이런 종목들이 우리가 매수해야 할 급등 종목들입니다. 저항대를 돌파한 후 공략하는 전략은 여러 가지로 접목할 수 있습니다. 이 패턴을 다양한 차트에 적용하여 급등 주식을 찾아 수익을 내보시길 바랍니다.

코스닥 차트로
시장 대세 파악하기

◆ 시장에 자금이 몰려들 때를 찾아라! ◆

주식에서 수익은 철저하게 시장이 내주는 것이지 스스로 만들어내는 것이 아닙니다. 누군가 사기 전에 내가 먼저 좋은 값에 사서 매수가 몰릴 때 매도해 시세차익을 얻는 것이 주식매매의 기본 원리입니다.

내가 먼저 사고 나서 홍보하는 것도 아니고 소문내는 것도 아닙니다. 내가 샀다고 해서 회사의 가치가 갑자기 높아지는 것도 아닙니다. 오로지 시장에 자금이 몰려들어야만 수익을 낼 수 있습니다.

이 개념은 무척 중요합니다. 주식을 오래한 고수일수록 시장을 받아들이고 시장의 리스크에 대비합니다. 주식시장이 좋아서 한국 증시가 전체적으로 상승할 때는 내가 산 주식이 상승할 가능성도 대단히 높습니다. 여기에 시황분석을 잘할수록 주식 수익률은 점점 높아집니다. 이러한 깨달음은 주식투자에서 성공도 해보고 깨져도 보면서 다양한 종목을 매수 및 매도하며 천천히 깨닫게 되는 부분입니다. 그렇다면 시장이 좋고 나쁜 것을 어떻게 판단할 수 있을까요? 저는 코스닥 차트를 보고 판단합니다.

◆ 왜 코스닥 차트인가? ◆

코스피와 코스닥 중에서 왜 코스닥을 분석할까요? 앞서 배운 매매 기법들은 2만원 이하인 소형주에 적용하기 좋은 기술입니다. 이러한 소형주들은 코스피보다는 코스닥 흐름에 부합하여 움직입니다. 이런 이유로 코스피 편입 종목이라고 할지라도 2만원 이하의 주식이라면 코스닥 차트를 분석해 보는 것이 좋습니다. 그러면 지금부터 코스닥 차트를 통해 시장 흐름을 예측하고 분석하는 방법을 몇 가지 소개하겠습니다.

◆ 5일선과 10일선의 배열 관계로 대세 상승장 파악하기 ◆

코스닥 일봉 차트를 기준으로 분석해 보겠습니다. 먼저 기본적으로 이동평균선을 활용하여 5일선과 10일선을 기준으로 분석하는 방법이 있습니다. 봉이 5일선 위에 걸쳐 있는 것은 단기간에 매수심리가 강하다는 것을 의미하고, 이어서 10일선 위에 안착한 것은 매수심리가 지속성을 띠는 것을 의미합니다. 안착은 이동평균선 위에 봉이 걸쳐 있는 것을 말합니다.

다음 상단의 그래프에서 동그라미 표시 부분을 보면 일봉이 5일선과 10일선 위에 안착해 있습니다. 이 경우 단기 상승장을 맞을 가능성이 높아집니다.

5일선(분홍색)과 10일선(파란색) 위에 안착한 일봉 차트

하단의 그래프는 코스닥 일봉 차트입니다. 동그라미 표시 부분은 5일선과 10일선의 배열이 정배열인 상태입니다. 정배열이란 이동평균선이 낮은 숫자부터 높은 숫자로 위에서부터 나열된 것을 말합니다. 이 차트에서는 분

동그라미 표시 부분의 5일선(분홍색)과 10일선(파란색)이 정배열인 코스닥 일봉 차트

홍색 선인 5일선이 위에, 파란색 선인 10일선이 밑에 배열된 정배열을 확인할 수 있습니다.

이동평균선이 낮은 숫자부터 높은 숫자로 배열된 정배열 상태의 차트

이렇게 5일선과 10일선의 정배열만을 보고 단기 매수세를 예측해 매매를 할 수 있습니다. 시장이 안정된 시기인 만큼 이때 수익을 내는 것이 무척 중요합니다. 보통의 경우 한국 주식시장은 수출에 영향을 미치는 대외적인 변수들로 인해 증시가 불안정할 때가 많습니다. 이런 상황에서 차트의 5일선, 10일선이 정배열을 이룬다는 것은 그만큼 시장이 안정되었다고 볼 수 있습니다.

정배열을 유지한 상태로 주가가 우상향하는 대세 상승장 차트

이 배열은 평균적으로 보름 단위로 움직이기 때문에 한 달에 한 번씩은 안정된 시장에서 수익을 낼 수 있다고 보면 됩니다. 그리고 이 5일선과 10일선의 배열은 큰 상승 흐름이 이어지는 코스닥 시장의 전조 증상이 될 수도 있습니다.

이런 시기를 대세 상승장이라고 하는데 이때는 코스닥이 5일선과 10일선의 배열을 깨지 않고 계속 정배열을 유지하면서 큰 폭으로 상승합니다.

정배열은 이동평균선이 낮은 숫자부터 높은 숫자로 배열된 것을 말합니다.

앞 차트의 동그라미 표시 부분을 보면 5일선과 10일선이 정배열을 이룬 뒤 주가가 큰 폭으로 상승했음을 확인할 수 있습니다. 이렇게 간단히 배열을 통해 시장의 상승 국면을 가늠하고 매매하는 기법이 있음을 기억해 두세요.

◆ 60일선 각도가 우상향이라면 대세 상승장 ◆

이번에는 60일선을 통해 대세 상승장을 파악하는 기법을 알아보겠습니다. 60일선은 장기 이동평균선으로 분류되어 긴 시간에 걸쳐 매수 및 매도의 흐름을 관측하는 데 큰 도움이 됩니다. 보통 60일선의 각도가 우상향이면 시장의 흐름이 상승 국면이라고 판단해도 됩니다. 반대로 우하향이면 시장이 하락 국면에 접어들었음을 알 수 있습니다.

60일선은 한 종목을 오래 보유할 것인지 아니면 짧게 끊고 나올 것인지를 판단하는 데 좋은 지표가 됩니다. 60일선을 활용하여 당장 매수나 매도를 결정하지는 않더라도 이 종목을 오래 보유할 시기인가 아닌가를 판단하는 데 유용하게 활용할 수 있습니다. 참고로 코스닥 시장은 대외적 움직임에 영향을 많이 받지만 자본 규모가 작은 시장은 아닙니다. 그러니 하루아침에 모든 자금이 빠져나가는 경우는 없다고 봐야 합니다. 이런 성격 때문에 시장 흐름이 어느 한 방향으로 지속성을 유지할 수 있는 것입니다.

다만, 돈이 빠져갈 때 또는 들어올 때 분위기가 조성되어 한 번 움직임이 기울면 움직이기 시작한 방향으로 자리를 잡아가면서 흘러갑니다.

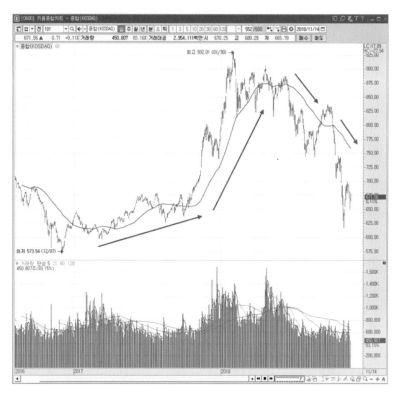

장기간 매매 흐름을 지속하는 60일선

　위 차트를 보면 60일선이 한 번 상승하면 밀려도 다시 상승하고, 한 번 추락하면 올라와도 다시 내려가는 모습을 볼 수 있습니다(60일선은 장기간의 매매 흐름을 의미). 이런 현상을 반복하면서 긴 시간에 걸쳐서 코스닥은 자신의 가치를 찾아가는데, 우리는 60일선이라는 지표 덕분에 이런 흐름을 쉽게 관측할 수 있습니다. 제아무리 유명한 투자자가 나서서 한국 증시에 투자하자며 구호를 외쳐도 한번 추세가 바뀌면 이를 잡기는 쉽지 않습니다. 그렇게 간단한 규모가 아니니까요. 우리는 다행히도 60일선을 이용하여 현재 주식시장의 흐름과 추세를 쉽게 알 수 있으니, 그에 대한 대응도 가능하다는 것을 알아두면 도움이 될 것입니다.

◆ 볼린저 밴드를 이용한 천장과 바닥 분석 ◆

이번에는 볼린저 밴드 지표를 통해서 천장과 바닥을 분석하는 방법을 알아보겠습니다. 볼린저 밴드는 주가의 변동성에 따라 상한선과 하한선의 크기가 변화하는 것을 감지하는 보조지표입니다. 상한선과 하한선의 간격이 큰 폭으로 벌어지면 주식이 과열된 것으로 해석할 수 있고, 반대로 좁아지면 시장에서 주식이 소외되고 있다고 해석할 수 있습니다.

볼린저 밴드의 간격이 넓은 경우

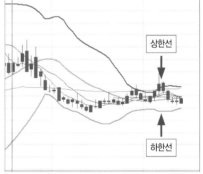

볼린저 밴드의 간격이 좁은 경우

보통 개별 종목에 적용되지만, 저는 이것을 코스닥 시장에 대입하여 과열된 부분과 침체된 부분을 분석합니다. 시가총액이 꽤 나가는 우량 종목과 코스피, 코스닥은 볼린저 밴드에 나타난 상한선과 하한선을 넘지 않는 특성이 있습니다. 오히려 볼린저 밴드의 상한선과 하한선에 닿을 즈음에는 주가에 큰 폭으로 반전이 일어납니다. 아래 차트를 살펴볼까요?

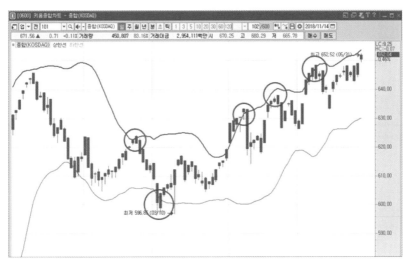

볼린저 밴드 상한선에 닿을 때는 급락, 하한선에 닿을 때는 급등하는 차트

빨간색 선은 볼린저 밴드의 상한선이고 하늘색 선은 하한선입니다. 위 차트에서 보다시피 대외적인 이슈가 없는 일반적인 흐름에서는 볼린저 밴드 상한선과 하한선 안쪽에서 주가가 움직이는 것을 알 수 있습니다.

상한선 부근에 닿는 시기에는 주가의 하락 속도가 빠른 것을 관측할 수 있고, 반대로 하한선에 닿을 때는 주가가 빠른 속도로 올라가는 모습을 볼 수 있지요.

이런 특성 때문에 볼린저 밴드는 코스닥이 고평가 또는 저평가되었을 때 단기적인 흐름을 관찰하는 유용한 지표로 활용할 수 있습니다.

아래 차트에서 볼 수 있듯, 조금 더 관찰을 심화하면 상한선 부근에서는 일반적으로 주가가 하락 추세로 전환되나, 동그라미 표시 부분처럼 상한선을 뚫으면 주가가 버티는 것을 발견할 수 있습니다. 이는 매수세가 강하게 들어왔음을 의미합니다. 이런 특성으로 인해 볼린저 밴드는 대세 상승장을 예측하는 기준이 되기도 합니다.

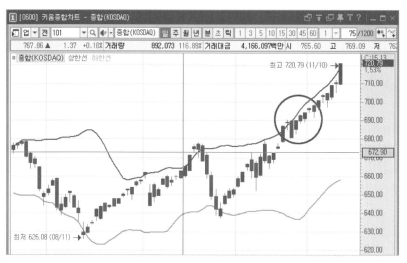

볼린저 밴드 상한선 돌파 이후에도 주가가 하락하지 않는다면 강한 매수세가 이어질 것을 감지할 수 있다.

반대로 심한 하락국면에 접어들면 마찬가지로 하한선 부근에서 상승이 나오지 않고 아래로 계속 꺼지는 현상이 발생합니다.

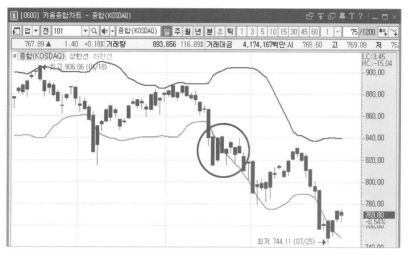

볼린저 밴드 하한선 돌파 이후에도 주가가 상승하지 않는다면 하락장이 지속될 가능성이 크다.

◆ 시황분석, 전문가의 영역이 아니다 ◆

지금까지 코스닥 시장이 과열되었는지 또는 침체되어 반등하는 시기인지 지표로 간단히 구분하는 방법을 알아보았습니다.

이 정도만 볼 줄 알아도 코스닥 시황을 분석하여 자신의 매수 타이밍과 매도 타이밍을 잡는 데 큰 도움이 됩니다. 시황분석은 애널리스트나 증권 전문가들만의 영역이 아닙니다. 큰 틀을 잡고 제가 가르쳐드린 대로 잘 응용한다면 시장이 내주는 수익을 받을 수도 있고, 또 시장이 주는 위험을 피할 수도 있게 될 것입니다.

생각보다 많은 이들이 시장을 무시한 채 개별 종목에 매달려 주식을 매매합니다. 이와 대조적으로 고수들은 시황분석에 열을 올립니다. 부디 제가 가르쳐드린 코스닥 분석을 통해 리스크를 줄이고 수익을 늘려나가길 바랍니다.

위험한 차트만 피해도
절반은 성공한다

◆ 수익만 쫓다가는 위험한 종목에 빠지기 십상 ◆

　주식은 위험성이 높은 투자 대상입니다. 하루 등락률이 최대 +30%에서 -30% 사이를 오고가니까요. 그래서 일반적으로 주식을 매매할 때는 최대한 위험요소가 적은 종목을 매수하게 됩니다. 위험요소가 적은 종목이란 건 무슨 뜻일까요? 영업이익이 꾸준하게 발생하고 부채율이 적으며 재무상태가 안정적인 회사를 말합니다.

　하지만 주식시장에서 실제로 수익률이 빨리, 잘 나오는 회사들은 이런 회사가 아닙니다. 그중에는 재무상태가 좋지 않은 회사들도 있습니다. 일반화하기는 어렵지만 재무상태가 좋지 않은 회사의 주식차트가 보기 좋게 흘러가거나 주가가 빠르게 오르는 경우가 많습니다. 왜 이런 현상이 나타날까요?

그 이유는 적자전환 기대치 때문입니다. 매출 좋은 회사의 매출이 더 늘어날 것이라는 전망보다는 그동안 매출이 잘 안 나오던 회사의 매출이 늘어날 거라는 소식이 주가에 더 큰 영향을 미치기 때문이죠. 이것은 순전히 기대심리의 영역이며 실제로 기대가 결과에 반영되는 것은 아닙니다. 그럼에도 많은 사람들이 기대심리만으로 재무상태가 좋지 않은 회사에 투자하곤 합니다.

이런 주식은 변동성이 높고 상승률도 빠릅니다. 주식투자를 몇번 해본 투자자들은 서서히 이런 주식을 발견하고 위험한 매매를 시작합니다. 이런 매매가 위험한 이유는 재무상태가 건전하지 못한 회사는 거래정지, 급락, 최악의 경우 상장폐지의 가능성까지 있기 때문입니다. 다음 사례들은 재무상태가 좋지 않음에도 주가가 상승한 종목들입니다.

상한가를 찍으며 상승세를 탔지만 급락 이후 하한가가 발생했다. 현재는 거래정지 중으로 상장폐지 심사 대상이다.

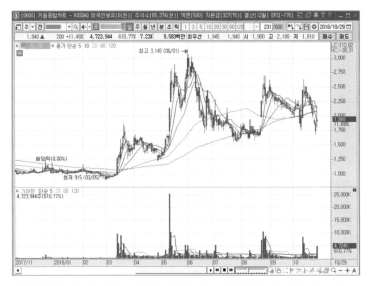

1년 이상 적자가 지속되고 매출도 호전되지 않았지만 주가는 강한 등락률을 보이며 크게 올랐다.

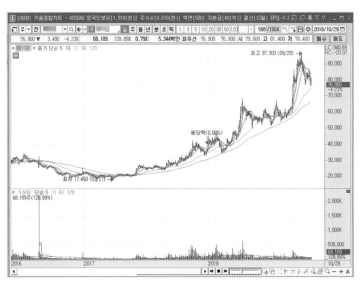

17,450원이었던 주식이 1년 6개월 만에 97,300원이 되었다. 하지만 영업이익은 3년 넘게 연속 적자를 기록 중이다.

3년 이상 영업이익에서 적자를 기록 중이지만 주가가 연일 상승하며 강한 시세를 동반하고 있다.

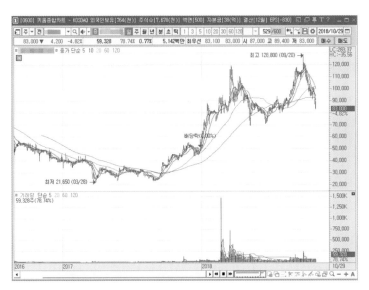

계속적인 적자 상태에도 불구하고 2017년 8월~2018년 8월까지 주가가 5.4배 상승했다.

✦ 차트는 100점, 재무는 0점인 회사, 사야 할까? ✦

차트를 분석하는 입장에서 차트만 놓고 보면 좋은 회사가 정말 많습니다. 하지만 재무상태를 꼼꼼히 살펴보고 안정성을 평가해 보면 기준에 미달되는 회사들 또한 많습니다. 재무상태가 좋지 않은 리스크를 감수하고 이런 회사의 주식을 매매할 경우, 빠른 수익 실현과 높은 등락률을 이용해 수익을 실현할 수 있습니다. 그렇기 때문에 많은 투자자들이 마치 약속이라도 한 듯이 이렇게 좋지 않은 회사들을 대상으로 매매하는 것이겠죠.

그럼 이런 회사를 상대로는 절대 주식을 매매하지 말아야 할까요? 그렇지 않습니다. 하지 말라는 것이 아니라 리스크를 알고 매매하라는 뜻입니다. 예를 들면 1,000만원 투자할 것을 반으로 줄여 500만원만 투자하는 식으로 리스크 관리에 신경 쓰라는 말입니다. 만약 이런 종목에 큰돈을 넣어 두었는데 회사가 거래정지나 하한가, 상장폐지를 겪으면 어떻게 될까요?

재무상태가 좋지 않은 회사에는 대부분 단기투자 자금이 유입되기 때문에 주가가 하락하는 속도가 다른 종목보다 무척 빠릅니다. 따라서 이런 종목일수록 빠른 대응과 판단이 더욱 요구되기도 합니다.

✦ 빠른 수익을 노리는 투자자를 유혹하는 차트들 ✦

안 좋은 방향으로 조금 더 이야기해 보겠습니다. 먼저 이렇게 위험한 종목을 매수하는 이유는 대부분 비슷합니다. 빠른 수익 때문이죠. 투자자가 빠른 수익을 추구하는 것은 손실 난 부분을 빨리 회복하고 싶은 투자심리 때문인 경우가 많습니다. 따라서 주식을 처음 시작하는 초보 투자자들이 이런 종목에 투자할 일은 없지요.

앞서 말했듯이 주식 초보티를 벗는 시점부터 이런 유혹을 받게 됩니다. 주식 경험이 쌓일수록 위험한 종목을 매매하는 정도도 깊어집니다. 주식 이름 앞에 '관', '환'이라는 말이 붙는 종목이 있는데, 이것은 증권사와 금융감독원에서 투자자를 보호하기 위해 위험한 종목을 확실하게 표시해 두는 제도입니다. '관'은 관리종목으로 회사가 부실하여 법적 재제를 받아 상장폐지까지 진행할 수 있다는 뜻이고, '환'은 환기종목으로 실질적인 상장폐지 검사 대상이 되는 것을 뜻합니다. 관리종목이나 환기종목 모두 위험한 것은 마찬가지이며 항상 조심해야 하는 종목들입니다.

그런데 아이러니한 사실은 이런 종목일수록 변동성이 강하다 보니 단타 투자자들이 더더욱 몰린다는 것입니다. 투자자를 보호하려는 의도가 오히려 투자자들이 더 몰려들도록 유혹하는 셈이죠.

한 종목이 6개월 이내에 300%를 넘는 상승률을 기록하는 경우는 많지 않은데, 특별히 재무상태가 좋지 않은 회사에서 이런 수익률이 나오곤 합니다.

그 이유는 앞서도 말했듯이 적자전환에 대한 기대감과 암묵적으로 높은 주가 상승률이 지속됨에 따라 묻지마 매매가 이어지기 때문입니다. 하지만 현재 상장폐지 검사 대상 종목들과 거래정지가 된 회사들은 모두 재무제표가 부실하고 위험도가 높은 종목이라는 사실을 반드시 기억해야 합니다. 주식투자는 본인의 판단에 따라 결과가 나오니 처음부터 이런 리스크를 잘 알고 시작하세요.

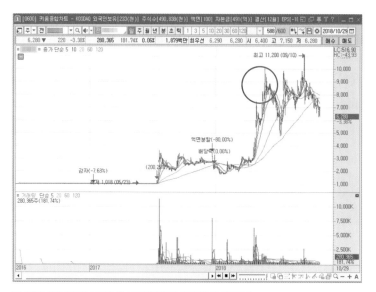

단 5개월 만에 주가가 500% 상승하여 많은 투자자들을 끌어들였다.

주요재무정보	최근 연간 실적				최근 분기 실적					
	2015.12	2016.12	2017.12	2018.12 (E)	2017.09	2017.12	2018.03	2018.06	2018.09	2018.12(E)
	IFRS 연결	IFRS 연결	IFRS 연결	IFRS 연결	IFRS 연결	IFRS 연결	IFRS 연결	IFRS 연결	IFRS 연결	IFRS 연결
매출액(억원)	909	397	358		95	97	93	145	152	
영업이익(억원)	-105	-516	-147		-26	-72	-23	7	-1	
당기순이익(억원)	-1,023	295	-202		-46	-79	-39	-28	-52	
영업이익률(%)	-11.57	-129.99	-41.02		-27.72	-73.40	-24.76	4.65	-0.87	
순이익률(%)	-112.59	74.29	-56.33		-48.51	-81.51	-41.98	-19.12	-34.20	
ROE(%)	-1,161.44	-385.07	-65.07		-1,851.26	-65.07	-61.96	-71.13	-60.36	
부채비율(%)	-381.64	188.36	147.27		149.09	147.27	180.54	189.90	292.06	
당좌비율(%)	27.86	63.19	190.81		166.28	190.81	155.34	76.66	83.24	
유보율(%)	-806.22	-38.80	-30.29		-14.16	-30.29	-37.67	-43.38	-53.93	
EPS(원)	-3,051,314	5,041	-189		-43	-74	-36	-26	-48	
BPS(원)	-1,312,961	264	315		386	315	289	262	223	
주당배당금(원)	-		-							
시가배당률(%)	-		-							
배당성향(%)	-		-							

반면에 재무상태는 1년 넘게 지속적으로 순이익 적자를 기록 중이다. 더불어 부채비율도 상승하고 있다.

5개월 만에 주가가 400% 급상승했다.

주요재무정보	최근 연간 실적				최근 분기 실적					
	2015.12	2016.12	2017.12	2018.12 (E)	2017.09	2017.12	2018.03	2018.06	2018.09	2018.12(E)
	IFRS 별도	IFRS 별도	IFRS 별도	IFRS 별도	IFRS 별도	IFRS 별도	IFRS 별도	IFRS 별도	IFRS 별도	IFRS 별도
매출액(억원)	261	180	161		45	46	42	53	45	
영업이익(억원)	10	-45	7		4	-1	1	-4	2	
당기순이익(억원)	10	-97	8		5	-1	1	-9	-12	
영업이익률(%)	3.87	-25.02	4.24		9.86	-2.30	2.35	-7.23	4.13	
순이익률(%)	3.70	-53.91	4.95		10.52	-3.01	2.41	-17.42	-26.93	
ROE(%)	3.19	-37.64	3.78		-18.63	3.78	3.34	-2.30	-9.87	
부채비율(%)	8.28	14.45	14.19		14.68	14.19	13.22	17.56	64.67	
당좌비율(%)	530.43	207.68	195.86		197.09	195.86	202.68	195.61	82.79	
유보율(%)	8.08	-23.32	-20.74		-20.29	-20.74	-20.41	-20.72	-16.95	
EPS(원)	70	-699	58		34	-10	7	-67	-88	
BPS(원)	2,216	1,498	1,546		1,555	1,546	1,554	1,551	1,637	
주당배당금(원)	-	-	-	-						
시가배당률(%)	-									
배당성향(%)	-	-	-							

반면에 최근 3분기 동안 순이익 적자와 더불어 부채율이 증가하고 있다.

◆ 재무제표 분석은 안정적인 수익을 위한 필수 능력 ◆

소위 주식에서 깡통 한번 차봤다는 사람들 절반이 이런 위험한 종목들을 매매한 경험이 있다고 합니다. 재무상태가 좋지 않은 종목들은 한순간에 무너지면서 때로는 빠져나올 틈도 주지 않습니다. 하지만 긍정적인 측면에서 볼 때 크고 빠른 수익권 도달이 가능한 종목들이라는 사실은 부정할 수 없습니다.

대부분의 투자자들이 이런 점에 혹해서 수익률을 좇아 재무제표를 무시한 채 매매하고, 어설픈 대응으로 주식시장에 맞서 돌이킬 수 없는 큰 실수를 저지르곤 합니다. 다시 말하지만 이런 종목은 무조건 쳐다보지도 말라는 이야기가 아닙니다. 스스로 여러 투자 종목을 감수하고 소화할 수 있는 역량을 먼저 갖추길 권합니다. 재무제표가 안정적이면서 큰 수익권에 도달하는 종목들도 충분히 많습니다. 시야를 넓게 보고 조금은 절제하는 마음으로 투자 종목을 선별하세요.

10초 만에
재무제표 분석하기

✦ 재무제표 분석, 참고만 하자 ✦

재무제표라는 말을 들으면 초보자는 머릿속이 하얗게 될 것입니다. 주식투자를 하려면 내가 투자하려는 회사의 매출이 건전한지, 경영상태가 양호한지 알기 위해서 재무제표를 확인해야 하는데 하나씩 따지면서 보면 끝도 없는 것이 바로 재무제표이기 때문입니다.

하지만 우리는 주식투자에서 진짜 회사의 가치를 올리는 것은 매출이 아닌 기대심리라는 사실에 집중해야 합니다. 주식투자의 기초를 단단하게 다지겠다는 의지를 가지고 재무제표를 깊게 공부하는 것은 물론 본인의 선택이겠지만, 기술적 분석을 배우는 정도라면 그렇게까지 할 필요가 없다는 것이 제 의견입니다. 그러니 어떻게 보면 재무제표를 깊게 공부하지 않아도 기술적 분석을 통해 매매하는 데는 큰 문제가 없습니다. 주식시장에서 주식의 기격을 올리는 주된 요인은 회사의 매출 실적이 아니라, 회사의 성장을 상징하는 재료와 테마이기 때문입니다.

주식에서 재료란 회사의 주식이 오르는 데 필요한 명분을 가리키고, 테마란 해당 시점에 주식에 영향을 미쳐 주가를 끌어올릴 것으로 기대되는 정부 정책이나 국가적 이슈(전염병, 선거, 인기 열풍 등)를 말합니다. 그러므로 사실상 주가가 재무제표를 반영하여 움직이는 것은 극히 드뭅니다. 매출이 증가함에 따라 주가가 오르긴 하지만 후행성으로 이미 주가에 반영된 경우가 많고, 분기마다 실적을 발표하기 때문에 이것을 보고 매수에 들어가다 보니 대응이 늦어지는 현실적인 한계가 있기도 합니다.

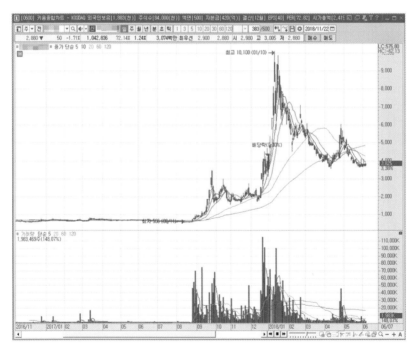

실제 매출에 의한 것이 아니라 비트코인과 테마로 주가가 오른 종목이다.

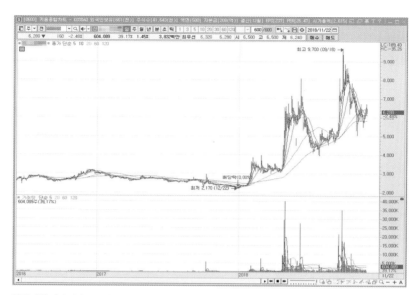

북한 자원 개발 관련 주로 남북 관계 진전과 함께 주가가 크게 상승한 종목이다.

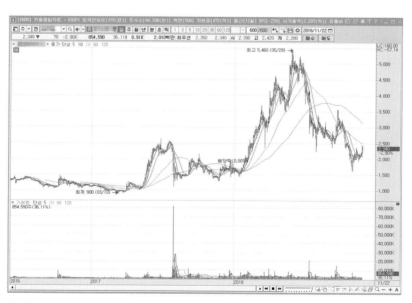

특별한 뉴스 없이도 주가가 크게 상승한 종목이다.

여러분이 다시금 기억해야 할 것은 주가는 건전한 매출의 영향으로 오르기도 하지만, 재료와 테마만으로도 오르기도 한다는 것입니다.

앞 차트 예시들은 단기간에 주가가 큰 폭으로 상승한 종목들입니다. 모두 매출이 늘거나 재무상태가 좋아서 주가가 오른 것이 아니라 오로지 재료와 테마로만 주가가 오른 경우라고 할 수 있습니다.

◆ 재무제표 분석의 역할은 리스크 체크! ◆

재무제표를 자세히 살펴보는 것은 어떤 부분에서는 도움이 되겠지만, 등락률과 수익 속도가 빠른 소형주 매매에서는 사실상 비중 있게 다룰 필요가 없습니다. 그렇다면 재무제표를 아예 무시해도 될까요? 그건 절대 아닙니다. 회사의 재무제표에 따라 매출 영향에 따라 차트의 움직임이 조금씩 영향을 받고, 현금 흐름과 재무상태가 좋지 않으면 매도 세력이 빠르게 등장해서 주가가 금방 무너지는 경우가 속출하기 때문입니다. 예를 들어 지속적인 적자가 발생하는 회사의 차트는 아래로 무너지는 속도가 무척 빠르죠.

경험으로 알 수 있는 부분인데, 회사의 재무제표를 보지 않고 차트만을 놓고 봐도 확실히 매출이 좋지 않은 회사 차트들에서는 단기 급락이 자주 발생합니다. 그 이유는 투자자들 역시 매출이 좋지 않은 회사의 주식을 오래 보유하고 싶어 하지 않아서, 조금이라도 하락하려는 움직임이 보이면 바로 매도하기 때문입니다. 반대로 회사 매출이 좋으면 주가가 떨어질 때 매수가 들어와서 주가 하락을 방어하는 상황이 생기기도 합니다. 다음 예시들은 재무상태가 좋지 않아 단기 급락이 벌어지는 종목의 차트입니다.

영업이익 부진으로 작은 악재에도 주가가 쉽게 무너진다.

좋지 않은 재무상태로 인해 주가가 오르더라도 내려가는 속도가 더 빠르다.

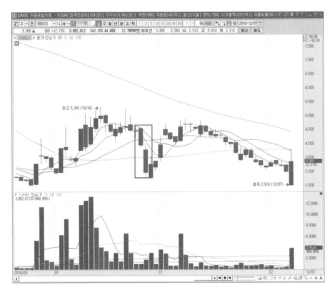

이틀 만에 -37% 이상 빠졌다. 당시 국내 증시 하락폭이 컸지만 유난히 하락률이 깊었다.

매수세가 강하게 들어와 보합권에서 움직이다가 갑작스럽게 하한가까지 떨어졌다. 주가가 떨어질 때 기존 매수자들도 다 매도했음을 알 수 있다.

✦ 필요한 재무제표만 빠르게 확인하자 ✦

이처럼 회사의 매출 영향은 차트에도 나타나기 때문에 소형주 매매 시에
도 재무제표를 확인하는 작업은 필요합니다. 하지만 앞서도 말했듯이 구체
적으로 볼 필요는 없습니다. 몇 가지만 체크하면서 경영이 악화된 회사만
피하면 되니까요. 그럼 간단하게 재무제표를 확인하는 방법을 알려드리겠
습니다.

먼저 포털 사이트 '네이버'에서 운영하는 네이버 금융에 접속합니다. 검
색창에서 각 종목의 이름을 검색할 수 있습니다.

자신이 투자하려는 회사를 검색하면 네이버에서 제공하는 해당 회사의 정보가 나온다.

마우스 스크롤을 아래로 내리면 기업실적분석 요약을 볼 수 있다.

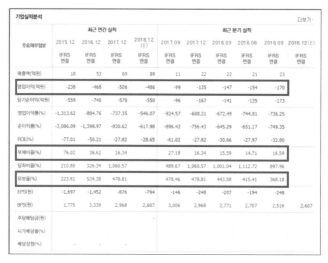

기업실적분석									더보기 ·
주요재무정보	최근 연간 실적				최근 분기 실적				
	2015. 12	2016. 12	2017. 12	2018. 12 (E)	2017. 09	2017. 12	2018. 03	2018. 06	2018. 09	2018. 12 (E)
	IFRS 연결	IFRS 연결	IFRS 연결	IFRS 연결	IFRS 연결	IFRS 연결	IFRS 연결	IFRS 연결	IFRS 연결	IFRS 연결
매출액(억원)	18	53	69	89	11	22	22	21	23	
영업이익(억원)	-238	-468	-506	-486	-99	-135	-147	-154	-170	
당기순이익(억원)	-559	-740	-570	-550	-96	-167	-141	-135	-173	
영업이익률(%)	-1,313.62	-884.76	-737.35	-546.07	-924.57	-608.31	-672.49	-744.81	-736.25	
순이익률(%)	-3,086.09	-1,398.97	-830.62	-617.98	-896.43	-756.43	-645.29	-651.17	-749.35	
ROE(%)	-77.01	-50.21	-27.82	-28.65	-61.02	-27.82	-30.66	-27.97	-32.80	
부채비율(%)	76.02	36.62	16.34		27.19	16.34	15.59	14.71	16.59	
담보비율(%)	210.80	326.34	1,060.57		489.67	1,060.57	1,001.04	1,112.72	897.96	
유보율(%)	223.91	534.38	478.81		478.46	478.81	443.58	415.41	368.18	
EPS(원)	-1,697	-1,452	-876	-794	-146	-248	-207	-194	-248	
BPS(원)	1,775	3,339	2,968	2,607	3,006	2,968	2,771	2,707	2,516	2,607
주당배당금(원)										
시가배당률(%)										
배당성향(%)										

기업실적분석

옆의 분석 화면에서 기업의 최근 연간 실적과 최근 분기 실적들을 한눈에 볼 수 있습니다. 지금부터 여러분이 체크해야 할 것은 영업이익, 부채비율, 유보율입니다.

영업이익이란 회사가 경제활동으로 벌어들인 판매 총액에서 매출 원가와 관리비를 뺀 금액입니다. 부채비율이란 대차대조표에서 자기 자본 대비 부채총액을 나눈 비율을 말합니다. 유보율은 기업의 잉여금을 납입자본금으로 나눈 것인데, 쉽게 말해 기업이 동원할 수 있는 자금량을 측정하는 거라고 생각하면 됩니다. 이 세 가지만 체크하면 회사의 경영상태를 단번에 알 수 있습니다. 좀 더 자세히 살펴볼까요?

영업이익은 매출 인프라를 의미

영업이익이 분기마다 꾸준히 발생한다는 것은 지속적인 매출 인프라를 갖추고 있음을 의미합니다. 이는 곧 회사의 영업력이라고 할 수 있습니다.

부채비율은 현금 흐름을 의미

부채비율이 100% 미만이라면 건전한 현금 흐름을 유지하고 있다고 볼 수 있습니다. 부채비율이 높으면 매출이 발생해도 빚을 갚아야 합니다. 회사 입장에서는 또 다른 투자 유치나 연구 개발이 제한되는 셈이므로, 결국 회사의 발전이 더뎌지는 원인으로 작용하죠. 반대로 부채비율이 낮을수록 회사의 성장 가능성은 높아집니다.

유보율은 일종의 보험

유보율은 최후의 보루라고 보면 됩니다. 회사 입장에서는 돈을 쌓아두기 보다는 많이 벌어야 바람직합니다. 그럼 유보율은 어떤 역할을 할까요? 단순하게 생각하면 됩니다. 회사가 축적해 놓은 돈이 많다는 것은 경기가 좋지 않을 때나 회사가 주요 영업활동에 제한을 받을 때 대응할 수 있는 힘이 크다는 뜻입니다. 회사가 발전하려면 결국 자본력을 동원해야 하는데 힘들 때 버틸 수 있는 체력이 바로 잉여자본입니다. 이것을 체크하는 것이 바로 유보율입니다.

통상 유보율이 300% 이상인 회사를 건전하다고 판단합니다. 이런 회사들은 쉽게 상장폐지나 거래정지가 되지 않고, 영업이익이 적자 상태를 유지할 때 다시 흑자로 전환할 수 있는 능력을 지니고 있습니다. 유보율이 높을수록 자금여력도 탄탄합니다.

◆ 실습! 10초 만에 재무제표 분석하기 ◆

그럼 다른 종목들을 예시로 재무분석을 해보겠습니다.

오른쪽 기업실적분석을 보면 먼저 영업이익을 보면 마이너스 수치를 기록 중입니다. 4분기 동안 적자를 유지 중이라는 것은 회사 매출에 큰 문제가 발생했다는 것을 의미합니다. 부채비율도 동시에 증가하고 있으며 유보율 역시 줄어들고 있습니다.

그렇다면 이런 관점에서 해당 회사에 대해서 검색해 보고 실제로 어떤 문제가 있는지 알아볼 필요가 있겠지요? 매출 분야가 무엇인지, 해당 시장 전망은 어떤지 등을 말입니다. 이런 부분에서 리스크를 해소할 가능성이 있

주요재무정보	최근 연간 실적				최근 분기 실적					
	2015.12	2016.12	2017.12	2018.12 (E)	2017.09	2017.12	2018.03	2018.06	2018.09	2018.12 (E)
	IFRS 연결	IFRS 연결	IFRS 연결	IFRS 연결	IFRS 연결	IFRS 연결	IFRS 연결	IFRS 연결	IFRS 연결	IFRS 연결
매출액(억원)	1,832	2,283	2,296		503	583	423	532	332	
영업이익(억원)	-107	161	62		7	-4	-30	-33	-24	
당기순이익(억원)	-173	148	7		3	-26	-39	-26	-37	
영업이익률(%)	-5.85	7.07	2.71		1.44	-0.69	-7.06	-6.22	-7.11	
순이익률(%)	-9.42	6.48	0.32		0.59	-4.46	-9.30	-4.91	-11.19	
ROE(%)	-23.23	20.32	0.92		13.71	0.92	-0.66	-11.26	-16.73	
부채비율(%)	347.48	280.45	285.93		271.83	285.93	304.43	309.16	316.99	
당좌비율(%)	29.50	80.68	41.21		66.83	41.21	36.51	62.26	54.55	
유보율(%)	1,159.10	1,449.83	1,471.37		1,515.79	1,471.37	1,387.24	1,334.61	1,260.02	
EPS(원)	-1,725	1,480	74		30	-260	-394	-262	-372	
BPS(원)	6,578	7,991	8,114		8,339	8,114	7,709	7,425	7,040	
주당배당금(원)	-									
시가배당률(%)	-									
배당성향(%)	-	-	-							

기업실적분석　더보기·

4분기 적자 유지, 부채비율과 유보율은 줄어드는 중

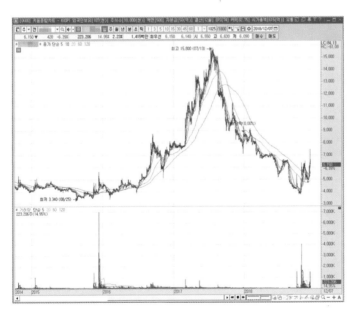

차트상 내려가는 추세를 볼 때, 현재까지는 매도세가 강하게 이어지고 있음을 알 수 있다.

다면, 유보율을 발판 삼아 차후 다시 매출 포지션을 잡고 영업이익을 낼 가능성도 있습니다. 이런 시점에서부터 영업이익이 흑자로 전환하는 시기가 될 때 주가가 다시 오르는 경우도 있습니다.

하지만 현 시점에서는 이런 종목을 쉽게 매수할 수 없을 것입니다. 다른 회사를 더 살펴볼까요?

아래의 재무상태를 보면 적자가 눈에 보이지 않고, 부채비율을 10%대로 유지 중이며 유보율도 1,000%를 넘기는 등 우량한 재무상태를 보여주고 있습니다. 영업이익이 꾸준히 발생해서 매우 안정적인 회사임을 알 수 있습니다. 이런 회사는 재무가 건전하므로, 차트를 보고 저렴한 가격대에 진입하여 보유하는 전략을 구상할 수 있을 것입니다.

기업실적분석										더보기 ·
주요재무정보	최근 연간 실적				최근 분기 실적					
	2015. 12	2016. 12	2017. 12	2018. 12 (E)	2017. 09	2017. 12	2018. 03	2018. 06	2018. 09	2018. 12 (E)
	IFRS 연결	IFRS 연결	IFRS 연결	IFRS 연결	IFRS 연결	IFRS 연결	IFRS 연결	IFRS 연결	IFRS 연결	IFRS 연결
매출액(억원)	586	710	657		155	161	165	193	180	
영업이익(억원)	86	112	91		20	20	21	24	15	
당기순이익(억원)	75	88	78		19	19	19	23	10	
영업이익률(%)	14.58	15.76	13.92		13.08	12.38	13.01	12.67	8.32	
순이익률(%)	12.84	12.46	11.83		12.06	11.60	11.42	12.09	5.75	
ROE(%)	13.78	14.20	10.80		10.73	10.80	9.89	10.76	9.49	
부채비율(%)	16.22	16.71	14.42		12.91	14.42	14.55	13.54	14.77	
당좌비율(%)	519.32	508.84	562.48		624.70	562.48	556.72	608.62	539.28	
유보율(%)	895.56	1,035.10	1,151.08		1,123.56	1,151.08	1,173.22	1,207.05	1,224.49	
EPS(원)	645	757	644		155	152	161	205	87	
BPS(원)	4,978	5,676	6,245		6,115	6,245	6,360	6,535	6,622	
주당배당금(원)	50	50	50							
시가배당률(%)	0.50	0.42	0.51							
배당성향(%)	7.75	6.61	7.76							

부채비율 10%대, 유보율 1,000% 이상으로 재무상태 우량

물론 재무상태가 좋다고 해서 무조건 매수하라는 것은 아닙니다. 차트를 보고 흐름상 저평가된 상태인지 아니면 고평가된 상태인지 살펴보아야 하죠. 이 부분은 지지선과 저항선을 그어보면서 살펴볼 수 있습니다.

다른 기업을 살펴보겠습니다. 아래의 영업이익을 살펴보면 분기마다 10억 원 미만의 매출을 올린 것을 볼 때 매출 현황이 좋지 않음을 알 수 있습니다. 2017년 4분기에는 적자도 기록했습니다. 하지만 부채비율과 유보율이 안정적인 것으로 보아 한때 회사를 잘 운영한 결과 안정적인 재무상태를 유지 중이라는 것을 알 수 있습니다. 한 가지 아쉬운 부분은 매출 증대인데 이 부분에서 최근 몇 년간 아쉬움이 보입니다. 만약 차트상으로 움직임이 저평가된 상태라면 해당 회사를 매수할 만한 가치가 있다고 봅니다. 재무 흐름

기업실적분석										더보기 ·
	최근 연간 실적				최근 분기 실적					
주요재무정보	2015. 12	2016. 12	2017. 12	2018. 12 (E)	2017. 09	2017. 12	2018. 03	2018. 06	2018. 09	2018. 12 (E)
	IFRS 연결	IFRS 연결	IFRS 연결	IFRS 연결	IFRS 연결	IFRS 연결	IFRS 연결	IFRS 연결	IFRS 연결	IFRS 연결
매출액(억원)	245	203	287		86	55	75	76	58	
영업이익(억원)	14	7	13		10	-2	6	4	1	
당기순이익(억원)	17	16	11		10	-5	10	6	3	
영업이익률(%)	5.79	3.48	4.64		11.94	-4.35	8.34	4.96	1.30	
순이익률(%)	6.89	8.11	3.97		12.06	-9.35	12.87	7.56	4.63	
ROE(%)	4.85	4.23	2.66		4.95	2.66	4.41	4.70	2.91	
부채비율(%)	7.46	11.53	9.74		10.22	9.74	9.06	9.23	7.89	
당좌비율(%)	1,123.01	847.68	1,029.12		951.77	1,029.12	1,187.95	1,139.33	1,357.34	
유보율(%)	1,081.46	1,249.06	1,280.27		1,295.25	1,280.27	1,329.97	1,343.03	1,355.52	
EPS(원)	282	274	190		172	-85	161	95	45	
BPS(원)	7,417	7,961	8,181		8,273	8,181	8,371	8,462	8,497	
주당배당금(원)	50	50	50							
시가배당률(%)	0.86	0.45	0.58							
배당성향(%)	14.19	16.13	23.25							

매출현황 좋지 않으나 부채비율과 유보율 안정적

이 안정적이기 때문에 매출에 영향을 주는 공급계약 공시만 나오더라도 차트가 좋은 흐름으로 이어질 가능성이 높습니다.

아래의 기업실적분석에서는 가장 먼저 매출액의 변동성이 크다는 것을 알 수 있습니다. 이런 경우 여러 가지 원인이 있을 수 있는데 주문 공급이 일정하지 않거나 원자재 값의 변동성이 큰 것이 원인일 확률이 높습니다. 최근 연간 매출액도 변동성이 매우 큰 것으로 보아 아직까지 회사가 안정적으로 자리 잡지 못하고 있음을 알 수 있습니다. 부채비율은 증가 추세이며 유보율은 줄었다 늘었다를 반복 중입니다. 어찌되었든 최근 영업이익이 3분기 연속으로 적자를 기록하고 있습니다. 차트의 변동성을 볼 때 앞서 말한 급락 등의 상황이 얼마든지 발생할 수 있는 상태임을 추측할 수 있습니

기업실적분석										더보기 ›
주요재무정보	최근 연간 실적				최근 분기 실적					
	2015.12	2016.12	2017.12	2018.12 (E)	2017.09	2017.12	2018.03	2018.06	2018.09	2018.12 (E)
	IFRS 연결	IFRS 연결	IFRS 연결	IFRS 연결	IFRS 연결	IFRS 연결	IFRS 연결	IFRS 연결	IFRS 연결	IFRS 연결
매출액(억원)	70	52	135		26	72	10	4	12	
영업이익(억원)	-91	-60	-3		·	4	-9	-9	-9	
당기순이익(억원)	-119	-83	-64		·	-54	-8	-11	-13	
영업이익률(%)	-130.35	-115.94	-2.30		-1.53	5.30	-85.92	-202.26	-77.19	
순이익률(%)	-170.44	-160.80	-47.57		-1.19	-75.56	-80.68	-253.61	-115.46	
ROE(%)		-42.61	-26.71		-31.73	-26.71	-18.32	-25.45	-29.15	
부채비율(%)	40.81	67.07	69.99		66.14	69.99	24.72	68.87	87.12	
당좌비율(%)	163.25	139.12	149.90		131.39	149.90	135.40	106.49	64.10	
유보율(%)	655.37	614.64	483.94		580.23	483.94	779.75	621.36	608.15	
EPS(원)	-2,778	-1,559	-856		-14	-640	-98	-130	-155	
BPS(원)	3,711	3,528	2,865		3,357	2,865	4,375	3,608	3,563	
주당배당금(원)	·	·	·							
시가배당률(%)	·	·	·							
배당성향(%)	·	·	·							

매출액의 변동성이 커 투자 시 위험을 감수해야 한다.

다. 재무상황이 안 좋아도 다양한 매매 전략을 구사할 수 있겠지만, 가치투자나 장기투자로는 확신을 갖기 어렵다는 것이 공통된 의견일 것입니다.

◆ 불안한 투자자를 위한 안전장치, 재무제표 ◆

이렇게 간단히 재무제표만 살펴봐도 악재로 인한 주가 급락을 피하고 안정적인 회사에 투자할 수 있습니다. 결국 회사의 주가를 끌어올리는 것은 매출보다는 매출 증가에 대한 기대치라는 점을 감안할 때, 재무제표는 간단하게 살펴보고 해당 회사가 가진 테마나 재료에 주목하는 것도 큰 도움이 될 거라고 봅니다. 결국 주가란 심리에 의해 움직이니까요.

저는 차트분석에 비중을 높이 두기 때문에 저평가된 차트를 찾는 것이 더 우선이라고 생각합니다. 주식을 잘하려면 단순히 생각만 하는 것에서 벗어나, 주가가 오르는 데 결정적인 역할을 하는 것이 무엇인지 분석할 수 있어야만 합니다. 저는 세력의 매집과 재료가 바로 그 역할을 한다고 보며, 재무상태는 참고만 하고 차트에 집중하고 있습니다.

5부

안정적인 수익을 얻기 위한 포트폴리오 구성법

어떤 종목에 투자해야
시간은 적게, 수익은 많이 낼 수 있을까?

◆ 쌓여가는 차트 데이터가 곧 수익이다 ◆

바쁜 현대인들은 여러 종류의 차트를 하나하나 들여다볼 시간이 부족합니다. 저만 해도 한 회사를 자세히 분석하려고 들면 회사의 주력 사업 분석을 비롯해 현금 흐름과 재무제표, 차트분석 등의 파악에 상당한 시간이 소요됩니다.

기술적 분석 투자자의 무기는 무엇보다도 차곡차곡 쌓아둔 다양한 차트 데이터입니다. 이런 무기를 지니려면 특별히 시간을 단축하여 차트를 분석하는 기술이 필요합니다. 즉, 핵심만을 놓고 매매에 임하는 것입니다. 지금부터 제가 알려드리는 내용을 잘 익힌다면 본인이 원하는 차트를 찾는 시간을 단축할 수 있을 것입니다.

차트분석가의 승패는 다양한 차트의 데이터를 미리 쌓아두고 준비하는 데서 갈립니다. 좋은 차트가 아무리 많아도 볼 줄 모르면 무의미하니, 아직 차트분석에 익숙하지 않더라도 다음 내용을 따라하며 내공을 쌓아보세요.

◆ 차트의 기본! 바닥 종목을 찾아라 ◆

저는 바쁜 현대인들에게 가장 적합한 투자 종목은 바닥권 종목이라고 생각합니다. 바닥권 종목이란 일봉 차트를 3년치 정도 넓게 펼쳐 보았을 때 3년간 저점 부근에 도달한 종목을 말합니다.

아래 차트는 코스닥 종목 중 하나로 주가가 최근 3년간 대략 2,500~6,000원 사이에서 움직였습니다. 소형주(시총 2,000억원 이하)에서 3년이란 시간을 보내며 이 정도 움직인 것을 크게 움직였다고 볼 수는 없습니다. 변

3년간 저점 부근을 오가며 크게 움직이지 않은 종목

동성이 큰 소형주 치고 이 정도의 변동은 평범한 축에 속합니다. 이런 종목의 특징은 거래량이 별로 없다는 것입니다. 이 말인즉슨 사람들이 별로 관심을 갖지 않는 종목이라는 뜻이지요.

대다수가 관심을 갖지 않는 시점에 주식을 매수할 사람은 거의 없습니다. 만약 있다면 앞서 말한 급등주를 만들어 수익을 챙기려는 세력 또는 가치투자자 둘 중 하나입니다.

사람들의 관심이 없는 만큼 변동성도 적습니다. 하루 일과 중 급격하게 주가가 변동할 가능성이 상당히 적어서 매매에 부담이 덜한 차트라고 볼 수 있습니다. 만약 급하게 수익을 내는 것이 목적이 아니라면 이런 종목을 매수하면 됩니다. 이런 종류의 차트를 선호하는 사람들이 실제로 꽤 있습니다. 만약 이 종목 주식을 살 거라면 변동성이 약한 특징을 이용해서 주가가 낮을 때 미리 사두는 게 좋겠지요?

◆ 장기간 횡보 중인 종목에 눈도장을 쾅! ◆

주가가 장기간 횡보한다는 것은 2~3년 정도에 걸쳐 특정한 방향성 없이 옆으로 흘러가는 것을 가리킵니다. 이렇게 주가가 횡보하는 차트들은 변동성이 덜하기 때문에 직장인들도 여유 있게 시간을 잡고 매매할 수 있습니다.

주가가 옆으로 흘러간다는 것은 무엇을 의미할까요? 팔려는 사람과 사려는 사람의 공방이 치열하지 않다는 것을 의미합니다. 대부분 뒤에 크게 오르는 종목들은 이러한 횡보 기간에 힘을 축적한다고 볼 수 있습니다.

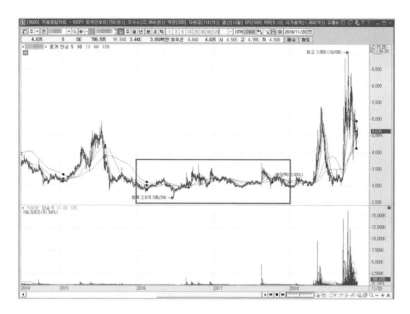

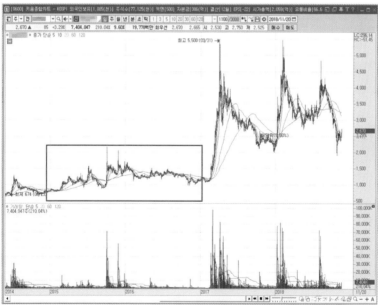

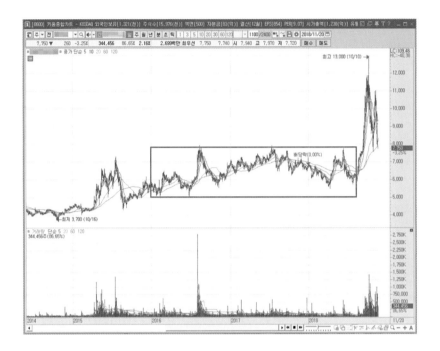

이 세 차트는 모두 2~3년 동안 횡보한 종목들입니다. 이런 기간이 있어야만 차트가 추후 힘 있게 솟아오를 수 있습니다. 그러니 직장인이라면 변동성 높은 종목을 매수한 뒤 제때 대응하지 못해 쩔쩔 맬 것이 아니라, 조금 길게 보고 이런 종목들을 붙잡아 계속 돈을 묻어두는 형식으로 매매할 필요가 있습니다.

◆ 그래도 적자 기업은 일단 회피 ◆

제가 주식시장을 경험하면서 느낀 점 중 하나는 적자 기업은 반드시 문제를 일으킨다는 것입니다. 적자 기업이란 3분기 연속으로 영업이익 적자를 기록한 회사를 말합니다. 물론 분기에 한 번쯤은 회사 경영상 적자가 날 수도 있습니다. 하지만 3분기 연속 적자가 났다면 회사 경영에 심각한 문제가 있다고 봐야 합니다. 이런 회사는 피해야 하므로 앞에서 알려드린 대로 장기간 횡보 종목을 공략할 거라면 반드시 회사 재무상태를 확인해 보세요.

✦ 급하게 매수하면 체한다 ✦

초보 주식투자자들이 자주하는 실수 중 하나가 급하게 매수하는 것입니다. 이들은 '당장 내일부터 오르면 어떡하지?' 하는 조바심에 오늘을 넘기지 못하고 매매에 돌입합니다. 하지만 고수들은 다릅니다. 자신이 원하는 가격이 될 때까지 기다리죠. 왜 그럴까요? 그 가격대가 수익은 극대화할 수 있고 리스크는 줄일 수 있는 가격대이기 때문입니다.

앞에서 본 차트를 다음 페이지에 다시 가져왔습니다. 차트를 살펴보면 박스권에서 횡보하는 동안에도 주가는 그냥 옆으로만 가지 않습니다. 작은 규모로 위아래로 부딪히면서 가격을 형성하죠.

이 차트를 보면 빨간색 직선 세 개가 같은 간격으로 평행하게 그어져 있습니다. 세 선 중 아래 두 선을 점선으로 된 박스가 감싸고 있는데 이 구간이 매수해야 할 구간입니다. 가격대가 최대한 밑으로 내려왔을 때 저렴한 가격에 주식을 매입하는 것입니다. 조급하게 매매하면 비싼 가격에 주식을 살 가능성이 높죠.

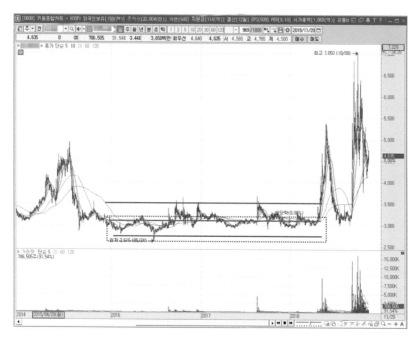

가격대가 최대한 밑으로 내려왔을 때가 매수의 적기

가격을 주시하다가 밑으로 내려온 가격대에서 주식을 사기 위해서는 계획적으로 매매해야 합니다. 이렇게 주식을 천천히 사서 모으다 보면 어느 시점에 주가가 오를 때 단 1%라도 더 많은 수익을 얻을 수 있습니다. 주식은 조급하게 사지 말고 자신이 원하는 가격대에 천천히 매수한다는 생각으로 접근해야 합니다.

◆ 계속 주시할 필요가 없다 ◆

여러 번 언급했듯이 제가 주식을 고르는 첫 번째 기준은 차트입니다. 호재는 실제 주식에 반영되지 않는 경우도 있고, 이미 반영된 경우도 많기 때문에 최대한 저렴하게 주식을 매입하려면 먼저 차트를 분석해야 하죠.

앞서 말한 기준에 따라 차트를 고르고 그 외에 회사의 실적이나 호재 등을 검색한 후 마음에 드는 종목을 선택합니다. 그다음부터는 차트를 계속 주시할 필요가 없습니다.

확실히 이런 종류의 차트들은 변동성이 적어 부담이 덜하며, 주식을 처음 하는 이들뿐만 아니라 주식을 오랫동안 해 온 이들의 피로감도 덜어줍니다. 잘만 활용하면 수익을 극대화할 수 있으니 꼭 익혀서 실전에 적용해 보세요.

오르는 바닥 종목은 따로 있다

◆ 횡보한다고 무조건 사야 할까? ◆

그러면 앞서 말한 것처럼 장기간 횡보하는 종목이라면 묻지도 따지지도 않고 사서 그저 기다리면 될까요? 주식투자가 그렇게 쉽다면 실패하는 사람은 한 명도 없겠지요. 횡보하는 종목을 사서 시간에 투자한다는 공식이 모든 종목에 적용되는 것은 아닙니다. 저평가되어 있는 종목의 바닥권 위치에서 매수해야 시간이 지나면서 큰 수익을 얻을 수 있지요. 쉽게 말해서 횡보하는 종목 중에서도 바닥 종목을 매수해야 한다는 말입니다.

그럼 저평가된 주식의 바닥을 구별하는 차트분석에 대해서 지금부터 알려드리겠습니다. 잘 읽고 반드시 이 기준에 맞는 종목을 골라서 매수하시기 바랍니다.

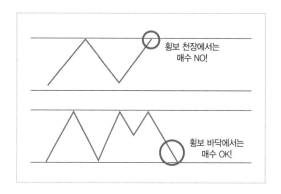

횡보 천장에서는
매수 NO!

횡보 바닥에서는
매수 OK!

◆ 주봉 지지선 확인 ◆

질문을 하나 하겠습니다. 주가가 계속해서 내려갈 수 있을까요? 정답은 'No'입니다. 주가는 회사가 매출을 내는 이상 계속해서 내려가지 않습니다. 만약 회사가 매출을 내지 못한다면 해당 주가는 계속 내려가는 게 아니라 주식시장에서 퇴출당할 것입니다.

모든 주가에는 바닥이 있습니다. 바닥이란 시장에서 평가할 때 이 정도 가격이면 이 회사 주식을 살 만하다고 판단하는 이들이 모이는 가격대입니다.

예를 들어 분기마다 꾸준히 영업이익을 내는 회사의 주가가 계속 내려감에도 불구하고 여전히 비싸다면 매수하기 전 고민할 것입니다. 하지만 매출이 계속 발생하고 있다면 매수하지는 않더라도 주목할 필요는 있습니다. 이회사를 주목하는 것은 나뿐만이 아닙니다. 다른 여러 투자자들이 있는데, 투자자마다 각자 주목하는 시각이 다릅니다. 이처럼 모든 주식에는 시장에서 이 정도면 살 만하다고 판단하는 각자의 가격대가 존재하기 때문에 주가는 바닥을 향해 계속 곤두박질치지 않습니다.

그럼 바닥을 찍었다는 것을 알려주는 신호는 무엇일까요? 바로 지지선입니다. 지지선은 단순하게 한 번에 형성되는 것이 아니라, 주가가 떨어질 때마다 여러 번 바닥을 딛고 올라올 때 형성됩니다.

주봉 차트를 보면 지지선을 수월하게 확인할 수 있습니다. 주봉 차트는 주단위로 봉이 형성된 차트라 긴 시간의 흐름을 한눈에 확인할 수 있습니다. 아래 차트를 보면 화살표로 표시한 부분을 딛고 차트가 움직이는 것을 볼 수 있습니다.

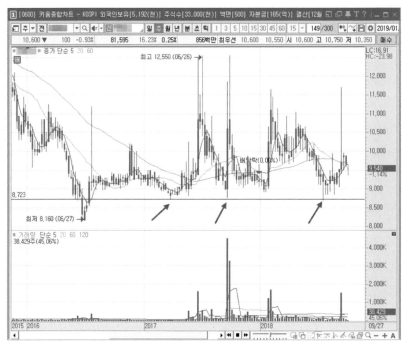

주가가 반등하는 부분들이 모여 지지선을 형성한다.

이렇게 딛고 올라오는 모습이 두 번 이상 발생할 때 지지선이 형성된 것으로 봅니다.

이번에는 화살표를 좀 더 구체적으로 구분해 놓았습니다. 빨간색 화살표로 표시한 지지선을 확인한 다음, 뒤에 나오는 파란색 화살표로 표시한 부분에서 매수로 진입하면 됩니다. 나뿐만 아니라 다른 투자자들 역시 지지선을 확인하고 매수하기 때문에 지지선 부근에서는 주가가 수월하게 오르는 현상이 발생합니다.

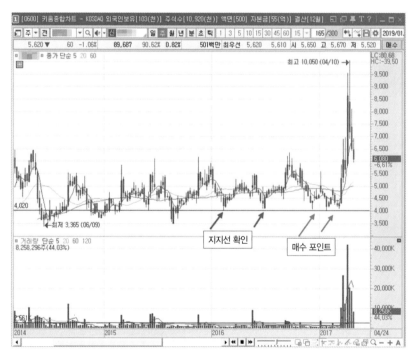

지지선 부근이 매수 포인트

한 가지 염두에 둬야 할 점은 지지선이라는 개념이 10원 단위로 정확하게 맞지 않을 수도 있다는 것입니다. 주가가 지지선을 중심으로 살짝 아래로 더 내려갈 수도 있고 그에 살짝 못 미칠 수도 있습니다. 하지만 눈으로 볼 때 근소한 차이라면 해당 부근을 지지선으로 해석하여 선을 긋고 매매 지점을 찾아낼 수 있습니다.

지지선을 확인했다면 모든 차트마다 가격을 체크해놓고 주가가 해당 지지선 영역으로 내려오기를 기다리세요.

지지선 매매는 매수하기 전에도 기다려야 하고 매수한 뒤에도 기다려야

주가가 지지선보다 살짝 더 내려가거나 그에 살짝 못 미칠 수도 있다.

합니다. 그러니 지지선을 근거로 바닥에서 종목을 잡고 싶다면 시간을 내어 모든 차트를 돌려보면서 지지선을 확인하세요.

◆ 주봉 역배열 바닥 잡기 ◆

이동평균선의 숫자가 작은 것부터 큰 순서로 나열된 것을 정배열이라고 합니다. 5일선, 10일선, 20일선, 60일선, 120일선이 차례대로 나열된 것을 말하죠.

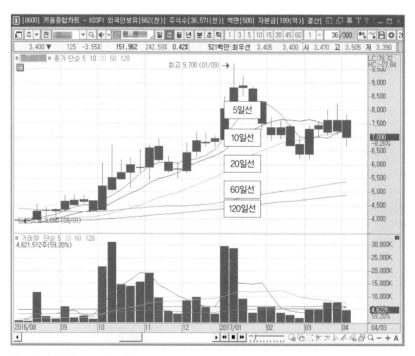

이동평균선이 작은 숫자부터 큰 숫자로 정배열된 상태

반대로 역배열이란 숫자가 큰 것부터 작은 순서로 나열된 것을 말합니다. 120일선, 60일선, 20일선, 10일선, 5일선 이렇게 말이죠. 주봉 역배열 바닥 잡기는 이러한 역배열을 주봉으로 접근하여 살펴보는 것입니다.

이동평균선이 큰 숫자부터 작은 숫자로 역배열된 상태

이 차트들을 보면 정배열과 역배열 구분이 그렇게 어렵진 않습니다. 주봉으로 이렇게 체크해서 보면 정배열과 역배열이 지니는 의미는 큽니다.

먼저 정배열은 거의 모든 이동평균선 위로 봉이 올라갈 만큼 긴 시간에 걸쳐 매수가 들어왔음을 의미합니다. 단 며칠 동안만 매수가 들어와 주가가 오른다고 해서 정배열이 되지는 않습니다. 정배열은 오랜 시간 동안 매수세

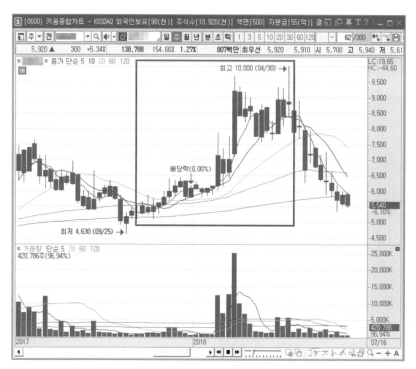

이동평균선 정배열로 매수세가 지속되었음을 알 수 있다.

가 지속되고 주가가 계속 올라야만 완성됩니다.

위 차트에서는 2018년도 상반기 내내 주가가 계속 상승하여 정배열이 만들어졌습니다. 정배열이 만들어졌다는 것은 해당 회사에 대한 매수세가 지속성을 지님을 의미합니다. 이러한 매수의 지속성은 호재에서 기인했을 확률이 큽니다.

그럼 역배열은 어떻게 만들어질까요? 매수세가 시들고 매도세가 우위에 있을 때 만들어지는데, 매도세가 잠시 동안만 우위에 있다면 주봉상 역배열 은 만들어지지 않습니다. 앞서 본 정배열과 같이 역배열도 매도 시기가 길

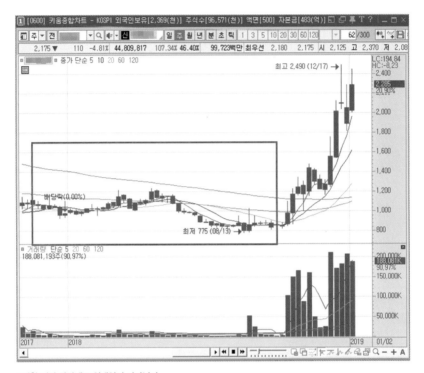

6개월 이상 하락세로 역배열이 나타났다.

어지고 주가가 지속적으로 하락할 때 만들어집니다.

위 차트의 박스 구간이 역배열이 만들어지는 데 걸린 기간입니다. 6개월 이상 하락세가 유지되어 주봉상 역배열이 완성되었음을 알 수 있습니다.

◆ 역배열 반등을 노리자 ◆

주식투자에서 불변의 법칙 중 하나는 '무한한 하락세는 없다'는 것입니다. 이 말은 역배열이 만들어지면, 역배열을 푸는 매수세가 들어올 반전의 기회 역시 발생한다는 것을 뜻합니다. 주식시장에는 저가에 주식을 사려는 투자자들이 늘 대기 중이기 때문에 주식이 저렴해질수록 항상 바닥에서 반등과 상승이 나오는 불변의 법칙이 존재합니다. 회사가 매출만 꾸준히 내고 있다면 영원한 주가 하락은 존재할 수 없다는 것이죠. 이것만큼은 확실한 불변의 법칙이라고 단정할 수 있습니다.

바로 이런 측면 때문에 우리는 역배열에서 바닥 종목을 공략해 볼 마음을 먹어야 합니다. 역배열이 된 만큼 충분히 주가가 조정되었으니 반등할 가능성도 높으니까요.

◆ 아래꼬리 캔들이 나타나면 반등한다 ◆

그럼 역배열 상황에서 반등을 알려주는 신호는 무엇일까요? 그건 바로 '아래꼬리'를 단 캔들입니다. 아래꼬리란 캔들(봉)에 달린 것으로 아래로 내려갔다가 올라온 흔적을 말합니다.

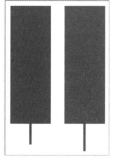

아래꼬리를 단 캔들

아래꼬리는 주가가 밀렸을 때 누군가가 사들인 흔적을 말합니다. 즉, 주가가 밀릴 때 매수한다는 것은 바닥을 가늠하고 매수했다는 것으로 해석할 수 있는데, 역배열 상황에서는 그럴 확률이 더 높아지게 마련입니다.

아래꼬리 캔들 이후 일시적 반등을 보이는 차트

위 차트의 박스 부분을 보면 아래꼬리 캔들이 나타난 다음에는 주가가
일시적으로 반등하는 모습을 볼 수 있습니다. 여기서 중요한 것은 아래꼬리
의 길이가 몸통의 길이보다 길어야 한다는
것입니다. 이때 캔들은 주봉 차트에서 확
인합니다.

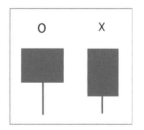

아래꼬리의 길이가 몸통보다 길어야 한다.

아래꼬리가 길다는 것은 그만큼 바닥에서 매수하는 힘이 강하다는 뜻이고, 몸통이 꼬리보다 짧다는 것은 누르는 힘이나 해당 종목을 강하게 매수하는 힘이 약함을 뜻합니다. 이는 곧 바닥에서 사들이는 힘만 존재한다는 말이 됩니다.

이 관점에서 다음의 주봉 차트들을 살펴보겠습니다. 먼저 역배열을 체크해 볼까요? 역배열을 체크하면서 아래꼬리가 몸통보다 긴 차트를 찾으면 됩니다. 그리 어렵지 않으니 차트를 몇 번 돌려보면 이해하기 쉬울 것입니다. 예시 차트를 몇 개 보여드리겠습니다.

나는 오르는 주식만 산다

　이와 같은 역배열을 관찰하는 능력을 먼저 기른 뒤 차트에 접근해 보세요. 주의해야 할 점은 해당 회사가 지속적으로 매출을 내고 있는지 재무상태를 꼭 체크해야 한다는 것입니다. 매출이 계속해서 안 나오는 적자 회사의 경우 반등 없이 계속 무너져 결국엔 상장폐지되는 결과까지 갈 수도 있습니다. 주식투자의 근본은 회사 매출과 이익에 대한 기대감이므로, 이 두 가지는 여러분이 지금 당장 사용하는 매매 기법보다도 먼저 항상 체크하고 지켜봐야 할 과제라는 것을 명심하세요.

　앞서 제시한 두 가지 방법을 통해서 바닥을 확인한 후 매매를 시도하시기 바랍니다.

안정된 수익률을 얻기 위한
포트폴리오 구성법

◆ 포트폴리오에 정답은 없다 ◆

주식 포트폴리오란 자신의 투자자금을 비중에 따라 나누고 각 종목을 선별한 것입니다. 주식투자자 중에서도 계획적이고 리스크를 줄이려는 사람들이 포트폴리오 구성에 관심이 많죠. 저도 자주 받는 질문 중 하나가 "포트(포트폴리오)를 어떻게 관리하나요?"라는 것입니다.

포트폴리오 구성에 대한 제 입장을 먼저 말씀드리자면 포트폴리오 기준의 정답은 역시 '없다'는 것입니다. 한 가지 질문을 해보겠습니다. 한 종목에 모든 투자금을 쏟아붓는 사람과 여러 종목에 투자금을 분산하는 사람 중 누가 더 수익을 잘 낼 수 있을까요?

'당연히 한 종목에 비중을 크게 두는 사람이다', '안정적으로 분산 투자하는 사람이다'로 의견이 갈릴지도 모르겠습니다. 자, 정답을 알려드리겠습니다. 정답은 종목을 잘 산 사람입니다.

주식시장에 들어온 시점부터 여러분은 이곳에서는 상식이 통용되지 않는다는 사실을 반드시 기억해야 합니다. 이는 제가 강의하면서 자주 하는 말로서 여러분의 상식으로 주식시장을 이해하려고 하면 안 됩니다.

주식에 대해 나름 많이 배운 사람, 예를 들어 증권맨, 애널리스트, 경제학 교수 등이 정말 주식을 잘하는지 살펴보면 그렇지 않은 경우가 대다수입니다. 증권투자상담사나 펀드투자상담사 자격증을 취득한다고 해서 주식투자나 펀드투자를 잘하지는 않습니다.

다시 말해 주식 포트폴리오를 잘 구성한다고 해서 주식을 잘하는 것은 아닙니다. 저는 포트폴리오 구성 없이 한 종목만 매수하여 돈을 크게 불린 주식 고수도 보았습니다. "계란을 한 바구니에 담지 마라"라는 격언은 그저 격언으로서 존재할 뿐입니다.

저는 여러분에게 포트폴리오를 구성하기 전에 먼저 종목을 잘 선별하는 적중률부터 높이라고 권하고 싶습니다. 포트폴리오 구성을 떠나 종목을 잘 선별하는 시야가 있다면 무엇을 사든 상관없으니까요.

그러나 주식을 배울 때 단계별로 포트폴리오를 구성하는 법을 알고 싶어하는 투자자들을 위해 간단히 설명하겠습니다. 여기서 포트폴리오는 철저하게 여러분이 주식을 배우면서 하나씩 성장해 나가기 위해 필요하다고 생각하면 됩니다.

본인이 매매하는 기준과 틀이 분명해야 매매 습관이 잘 들어서 나중에 실수를 줄일 수 있습니다. 포트폴리오 구성과 틀이 없는 매매는 시간 낭비가 될 가능성이 높지요.

◆ 1단계. 한 종목만 매수한다 ◆

처음 주식투자를 한다면 단 한 종목만 매수하는 것이 좋습니다. 그 이유는 수익을 얻기 위해서가 아니라 집중력을 기르기 위해서입니다. 제가 경험한 바에 따르면, 다양한 종목을 매수하면 그 회사의 시가총액이나 재무제표, 사업 계획, 차트의 흐름 등을 놓쳐 못 보는 경우가 생깁니다. 하지만 한 종목만 사서 그것에 집중하다 보면 차트가 외워지고 차트의 흐름이 눈에 들어옵니다. 그 종목이 정말 자세히 눈에 들어오죠. 따라서 처음 주식투자를 시작하는 이들은 한 종목에만 집중할 필요가 있습니다.

◆ 2단계. 10개 이상 종목을 매수한다 ◆

이렇게 한 종목을 사서 주식의 흐름에 대해 조금 공부한 뒤에는 종목을 정말 많이 매수해 봅니다. 당연히 오르겠다 싶은 종목을 매수하되 10개 이상도 좋고 20개 이상 매수해도 좋습니다. 이렇게 포트폴리오를 구성하는 이유는 시장 상황에 따라 종목들이 함께 움직이는 모습을 보기 위해서입니다.

주식시장이 하락장에 접어들었는데 내가 유일하게 매수한 한 종목만 하락을 빗겨나갔다고 해 봅시다. 그러면 주식시장의 무서움을 모르고 지나가게 됩니다. 하락장을 경험해야 주식시장에서 겸손함을 배울 수 있는데 그런 경험이 결여되어 시장을 무시하는 결과를 낳는 것이죠.

하지만 다양한 종목들을 많이 매수하면 시장 하락에 의한 전체 종목의 하락과 시장 상승에 의한 전체 종목의 상승 등을 직접 눈으로 볼 수 있습니다. 저는 이 과정에서 많은 것을 배웠습니다. 제가 잘 골라서 오르는 줄 알았던 주식이 사실은 단순히 시장이 좋아서 같이 올랐다는 것, 제 실력인 줄만 알았는데 사실은 국내 주식시장에 수급되는 외국인과 기관의 자금이 제 주식 가격을 함께 끌어올린 거라는 불변의 법칙 등을 알게 되었지요.

이런 일련의 과정은 주식투자자에게 주식시장의 실체를 알려주고, 개인의 재능보다는 시장의 흐름이 더욱 중요하다는 깊은 깨달음을 선사합니다. 시장 상황이 좋으면 많은 종목들이 동반 상승하고, 반대로 시장 상황이 좋지 않으면 내가 보유한 종목들이 대부분 내려가는 것을 보게 되죠. 이런 경험을 통해 얻는 것은 시장에 대한 겸손한 마음가짐과 포트폴리오의 무색함입니다.

◆ 3단계. 5종목 미만으로 구성한다 ◆

한 종목을 매수하여 차트를 자세히 살펴보고 회사도 자세히 알아본 뒤, 많은 종목을 매수하여 시장 흐름에 따라 수익이 나고 안 나오고를 경험했나요? 그렇다면 이제 포트폴리오를 구성할 소수의 종목을 신중하게 뽑을 차례입니다.

여기서부터는 개인의 선택입니다. 저는 5종목 미만으로 포트폴리오를 구성할 것을 추천합니다. 이제 어느 정도 배워서 종목을 선별할 줄 안다면 많은 종목을 보유할 필요가 없습니다. 이유는 간단합니다. 한 종목에 집중할수록 수익률이 극대화되기 때문입니다. 분산하면 할수록 수익률은 저조해지고 가져가는 수익금도 적어집니다. 그러므로 어느 정도 지식의 반열에 올라섰다면 각 종목의 투자금을 높이고 보유 종목 수를 줄여나가는 작업이 필요합니다.

이때부터는 매수할 때 더욱 신중을 기하게 됩니다. 한 번 선택하면 며칠 또는 몇 달을 보유해야 할지 모르기 때문입니다. 이렇게 신중하게 종목을 고를 때는 한 가지 주의사항이 있습니다. 주식에는 섹터와 테마라는 영역이 존재하는데, 섹터는 중복돼도 괜찮지만 주가의 등락과 연결된 테마만큼은 겹치면 안 됩니다.

예를 들어 얼마 전 정부에서 치매 치료에 관한 지원금을 발표하자 고려제약(014570), 명문제약(017180), 씨트리(047920) 등 주가가 오른 종목들이 있었습니다. 이 중에서 고려제약과 명문제약의 일봉 차트를 보면, 거의 유사한 흐름으로 흘러간다는 것을 알 수 있습니다.

고려제약(014570)

명문제약(017180)

　분명히 다른 회사임에도 불구하고 차트가 유사하게 흘러가고 강한 상승 타이밍과 갭 상승 타이밍도 비슷하다는 것을 알 수 있습니다. 포트폴리오를 구성할 때는 이렇게 중복되는 종목만 주의하면 됩니다. 주식시장에서 테마주가 뜨면 꼭 한 묶음으로 같이 움직이는 종목들이 있게 마련인데, 이런 종목을 여러 개 매매할 바엔 한 종목에 집중하는 것이 옳다고 봅니다.

◆ 초보자라면 우상향 차트부터 시작하자 ◆

　조금 더 구체적으로 포트폴리오 구성법을 알아보겠습니다. 매매 기간이 3개월 미만인 초보자라면 한 종목만을 선별합니다. 종목 선택은 본인의 결정이지만, 처음 종목은 차트가 우상향인 종목으로 시작하길 권합니다. 우상향 차트란 다음과 같습니다.

우상향하는 차트

　우상향하는 종목들은 최소 6개월 이상 상승하는 구간의 폭이 일정하며 1년 안에 크게 상승하는 특징이 있습니다. 우상향하는 상태에서 주가가 아래로 내려올 때마다 매수하는 식으로, 단번에 투자금을 넣는 것이 아니라 천천히 나눠서 넣으며 비중을 관리합니다.

　우상향 차트는 매수세가 지속적으로 유입되어 만들어집니다. 차트가 지속적으로 우상향한다는 것은 회사가 건전하게 성장하고 있으며 아무런 문제가 없다는 뜻입니다. 이런 회사의 주식을 가격이 떨어질 때마다 매수하여 매입 단가를 낮춰 코스트 에버리지 효과로 수익을 거둔다면, 매매에 자신감도 붙고 전반적인 주식 흐름의 원리도 체득하게 될 것입니다.

✦ 포트폴리오를 구성하다 보면 시장 보는 눈이 생긴다 ✦

앞서 언급했듯이 초보자들은 종목을 많이 매수할 필요가 없습니다. 천천히 한 종목에 집중하면서 관리하는 습관을 기르는 것이 중요합니다. 그러다 보면 종목에 대한 애착이 형성되면서 주식시장에 관한 견해가 생깁니다.

이렇게 한 종목을 매수한 뒤 다음 단계에서는 여러 종목을 매수하여 포트폴리오를 구성해 봅니다. 각 종목마다 한 주를 매수해도 되고 단 몇 주를 매수해도 됩니다. 이번 포트폴리오 구성에서 배워야 할 것은 시장 흐름과 계좌의 연관성입니다. 앞서 말한 것처럼 테마가 겹치지 않는 종목으로 매수합니다. 구성은 본인의 자유이며 섹터별로 매수해도 좋고 우량주와 소형주를 섞어서 매수해도 좋습니다. 20~30개 종목을 한 번에 매수하고 계좌를 지켜봅니다. 각 증권사 프로그램마다 섹터별 종목들이 나오는 검색창이 있으니 이를 활용해 보세요.

증권사 프로그램에는 섹터별로 종목이 구성되어 있다.

이렇게 종목을 다양하게 구성하면 빠르게 변동하는 주식도 보지만, 시간이 지나도 좀처럼 움직이지 않는 주식도 보게 됩니다. 또 시장의 상승기와 침체기에 따라 주식이 다 같이 움직이는 상황도 경험하게 됩니다. 이렇게 다양한 주식을 매입하고 지켜보다 보면 차후에 본인이 어떤 종목을 매수해야 할지가 눈에 보입니다. 우량주를 매매할지, 소형주를 매매할지, 테마주 위주로 매매할지 말이죠.

선택은 본인의 몫입니다. 저는 주식에 대한 다양한 경험이 주식투자자를 발전하게 한다는 불변의 법칙을 믿습니다. 이렇게 다양한 경험을 겪은 뒤에 매매에 대해 어느 정도 정리가 되면 그 뒤로 종목을 추려서 포트폴리오를 구성하면 됩니다.

종목이 많아질수록 손실률이 줄어들긴 하지만 그와 동시에 매매 수익률도 줄어듭니다. 그러니 되도록 적은 종목을 집중해서 매매하는 방식을 고수하세요. 종목이 적을수록 긴장감이 더해지고 매매에도 신중함이 더해지는 반면에, 종목을 많이 보유할수록 신중함이 떨어지고 손실에 대한 감각도 사라지기 때문에 다종목은 추천하고 싶은 포트폴리오 구성법이 아닙니다.

포트폴리오에 완벽한 정답은 없습니다. 여러분은 주식투자를 배우려고 이 책을 읽는 것이니 제 추천대로 시작해 보길 바랍니다.

수익이 저절로 따라오는
와조스키의 4단계 매매 전략

여기까지 읽어주신 독자분들에게 먼저 감사의 말을 전합니다. 이 책을 마치기 전 앞서 얘기한 주식투자 매매 노하우를 간략하게 정리하려 합니다. 험난한 세력주 투자의 정글을 뚫고 이 자리까지 온 여러분에게 마지막으로 드리는 작은 지도라고나 할까요. 한동안 주식투자를 쉬다가 감을 되찾고 싶다면 이 부분만 다시 읽어보세요. 큰 도움이 되리라 믿습니다.

STEP 1. 볼린저 밴드와 60일선으로 시장 흐름을 파악하자

여러분이 주식을 매수하려고 한다면 현재 시장의 국면을 확인할 필요가 있습니다. 수많은 자금이 이탈하는 시점, 모든 종목의 주가가 떨어지는 시점에 굳이 매매를 감행해 리스크를 자초할 필요는 없으니까요.

볼린저 밴드를 활용하면 비교적 쉽게 시장의 국면을 확인할 수 있습니다. 코스닥 일봉 차트에서 볼린저 밴드 지표를 켜고 현재 주가가 하한선과

하한선에 닿은 뒤 급등하는 모습을 볼 수 있다.

상한선 중 어디에 위치하는지 확인하세요.

앞서 말했듯이 일봉 차트가 상한선에 닿으면 급락, 하한선에 닿으면 급등하는 양상을 볼 수 있으며 이를 통해 시장 반등 구간을 예상할 수 있습니다.

60일 이동평균선을 통해서도 대세를 파악할 수 있습니다. 60일이란 기간은 결코 짧지 않기 때문에 매수세나 매도세가 지속적으로 유입되어야만 60일선을 우상향 또는 우하향으로 만들 수 있습니다.

60일선이 우하향하는 시점이므로 공격적인 투자는 자제한다.

STEP 2. 내가 투자하는 기업을 제대로 알고 포트폴리오를 구성하자

초보자라면 공부하는 마음으로 한 종목 한 종목, 매수하면서 해당 기업이 어떤 일을 하는지 파악해야 합니다. 기본적인 재무분석과 더불어 매수하려는 회사가 어떠한 회사인지, 시장에서 경쟁력이 어떤지 꼭 체크합니다.

이런 식의 훈련을 거듭하며 회사의 성격을 파악한 뒤에 차트를 본다면 분석에 많은 도움이 될 것입니다. 이때 주의해야 할 점이 있습니다. 주식시장에서는 호재로 인해 특정 회사의 주가가 오르는 현상이 자주 발생하는데, 그때 차트를 반드시 확인하여 이 회사가 단번에 큰 폭으로 상승한 것은 아닌지, 세력이 개입하여 차익을 실현하는 구간은 아닌지 구분할 필요가 있습니다. 아무리 호재가 있더라도 신고가 갱신과 함께 전 고점을 돌파하지 못한다면 주가가 그대로 주저앉을 가능성이 높기 때문입니다.

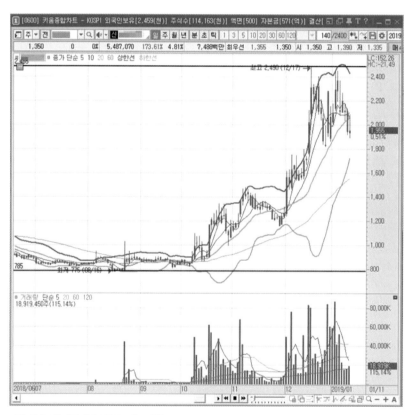

저점 대비 3배 이상 뛰어오른 종목은 고위험 주식이므로 매수를 피해야 한다.

STEP 3. 소형주 위주로 매수하여 5일선 기준으로 매도하자

앞서 나온 내용을 기반으로 빠른 수익을 얻고 싶다면 변동성이 강한 종목에 집중하세요. 이때 소형주(시가총액 2,000억원 이하)를 매매하면 좋습니다. 소형주들은 주당 가격이 낮아서 투자자들이 접근하기 쉬운데, 특히 긴 횡보를 마치고 전고점을 돌파한 종목에 관심을 가지면 좋은 결과가 있을 것입니다.

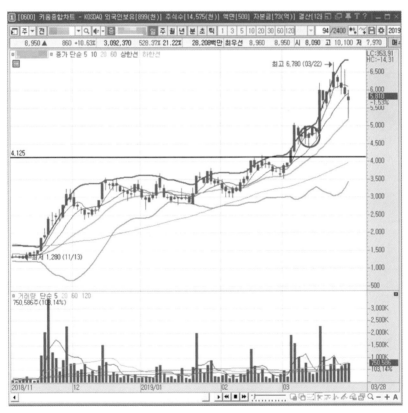

전 고점(검은색 선) 돌파 후 5일선에 안착한 종목을 매수하면 안정적으로 상승하는 모습을 볼 수 있다. 매매 성공률이 높다.

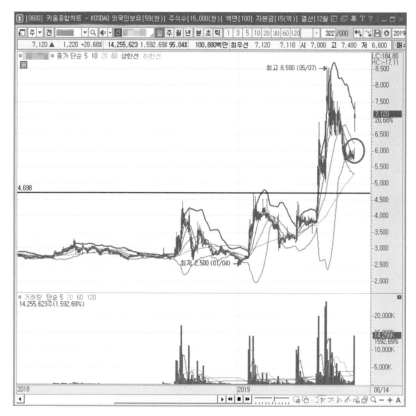

수렴 후 상승한 차트. 전 고점을 뚫고 상승한 후 이동평균선이 수렴하는 차트는 추가로 상승할 확률이 높다.

이런 종목들을 앞에서 배운 5일선을 기준으로 매수매도해 보세요. 5일 이동평균선에 일봉 캔들이 붙은 직후 주가가 소폭 상승하는 경우가 많은데, 이후 해당 종목의 변동성이 낮아지고 이동평균선이 수렴할 때 다시 한번 매수에 돌입해도 좋습니다. 이때 큰 상승으로 이어지는 경우가 종종 있으므로, 이 시기에 매매하면 좋은 수익을 낼 수 있습니다.

STEP 4. 경험이 곧 자산이다

주식매매에서 무엇보다 중요한 것은 경험을 쌓는 것입니다. 어렵다고 느껴진다면 일단 제가 가르쳐 드린 내용을 토대로 주식매매를 시작하세요. 그 뒤로 다양한 경험이 쌓이면 본인만의 매수매도 기준이 만들어질 것입니다. 이때부터는 개인의 투자 성향에 따라 결과가 빠른 단타기법, 혹은 느긋하게 종목을 사들이는 스윙 매매, 더 장기적으로 바라보는 장기투자 등 다양한 투자 방법을 선택하게 될 것입니다. 무엇을 선택하든 이런 매매의 기준을 성립하기까지는 충분한 경험이 바탕이 되어야 한다는 것을 잊지 말아야 합니다.

처음 주식투자를 시작하면 때때로 시장과 싸우는 것처럼 느껴질 때도 있겠지만 끝에 가서는 결국 자신과의 싸움이라는 사실을 깨닫게 됩니다. 자신을 잘 절제하고 자신만의 기준을 잘 지켜나간다면 반드시 좋은 투자자가 될 수 있을 것입니다.

당신의 성공적인 매매를 위한
마지막 조언

◆ 원하는 종목을 빠르게 찾는 검색식 ◆

원하는 종목을 빠르게 찾고 싶다면? 예를 들어 코스피에만 속한 종목을 매수하고 싶다거나 주당 가격이 5만원 이상인 우량주에만 투자하고 싶다면, 각 증권사 시스템에서 지원하는 조건 검색식을 이용하면 됩니다.

증권사마다 조건 검색식을 지원하며 초보자들도 이용할 수 있도록 조건 검색식을 만들어 주기까지 합니다. 그러니 어렵다고 무작정 포기하지 말고, 전화나 게시판 문의를 통해 필요한 조건 검색식을 만들어 달라고 요청해 보세요. 여러분이 증권사에 지불하는 수수료는 이런 부분들에 대한 지원까지 포함한 것이니까요.

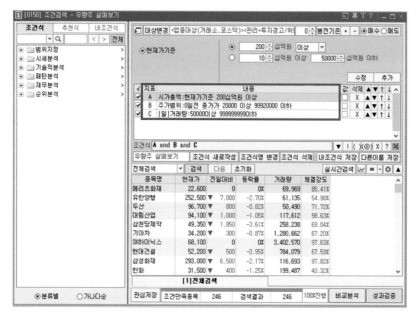

증권사의 우량주 조건 검색식

◆ 가장 효율적인 매매 방식은? ◆

저는 그때그때 상황에 따라 매매 방식을 수시로 바꿉니다. 여러 가지 매
매 방법들에 다양하게 접근해서 수익으로 연결했다고 볼 수 있습니다. 그중
에서도 개인적으로 가장 효율적이라고 여기는 매매 방식은 세력들의 매집
종목에 같이 편승하는 방법입니다. 앞에서 설명한 매집 패턴들을 잘 파악한
뒤에 계속 한 종목에 투자하는 매매 방식이죠.

최초 종목 선별 시 좋은 종목을 잘 골라 놓고 회사에 대한 정보 습득과 공
부를 병행하면, 본인이 투자하는 회사에 확신이 생겨서 오랫동안 보유할 수

있습니다. 주식투자에 따로 많은 시간을 할애하지 않아도 되니 본업이 따로 있는 분들에게도 가장 괜찮은 매매 방식입니다. 단타기법으로 들어갈수록 다양한 노하우와 매매 경력이 필요한데, 매집 중인 세력주에 미리 들어가면 그런 노력은 생략해도 괜찮습니다.

◆ 최고의 주식투자자가 되고 싶다면? ◆

사실 이러니 저러니 해도 돈을 많이 버는 게 최고의 주식투자자겠지요? 그러려면 매일매일 빠른 수익을 내는 데 성공해야 할 텐데요. 접근 방법에 따라 모든 매매 기법이 최고의 기법이 될 수 있지만 시간이나 속도를 계산해 볼 때 장 초반 매매가 가장 괜찮습니다.

시장이 열리는 장 초반대에는 다양한 돈들이 일시적으로 몰려 단 1분 만에 주가가 20%씩 오르는 경우도 발생합니다. 장 초반 매매는 보통 오전 9시 30분 이전에 끝나기 때문에 이 시간에만 집중해서 매매에 성공한다면 전업투자자로서도 큰 매력을 가진 주식투자자가 될 것입니다. 하지만 집중력을 요구하고 단번에 승부를 내야 하므로 강한 정신력과 경험, 지식을 반드시 갖춰야 합니다. 모의투자든 실전투자든 간간히 시간을 내서 이 시간대에 매매하는 연습을 해 보세요. 이 시간대의 가장 큰 강점은 시장의 영향을 전혀 받지 않는다는 것이므로 기술만 잘 익힌다면 평생 수입을 얻을 수 있는 강력한 매매 기법이 될 것입니다.

◆ 가장 중요한 것은 멘탈 관리 ◆

주식투자를 하다 보면 멘탈 관리가 가장 중요다는 것을 깨닫게 됩니다. 매매 기법이 중요하다고 생각하는 분들은 아직 주식투자를 제대로 해 보지 않은 분들입니다. 매매 기법은 얼마든지 배울 수 있습니다. 지금은 온라인 커뮤니티 형성이 잘돼서 다양한 기법들을 쉽게 알 수 있는 시대가 되었습니다. 그런데 매매를 하다 보면 막상 그보다 더 중요한 것을 알게 되는데 바로 멘탈 관리입니다.

어느 순간 분명히 원칙에 맞지 않는데도 매수하거나, 감정에 휘둘려 매도해야 할 타이밍을 놓쳐 계속 주식을 들고 가는 자신의 모습을 보게 될 것입니다. 이 모든 것이 멘탈 관리에 포함되는 영역입니다.

저는 멘탈 관리를 공부로 해결합니다. 실패했을 때는 실패한 차트 패턴을 더 열심히 분석합니다. 보통 돈을 잃으면 조급해져서 멘탈이 흔들리는데, 이때 다른 사람들의 조언을 들으려 하거나 유료 종목 추천 등을 이용하게 되지요. 하지만 그런 것들은 궁극적으로 도움이 안 되기 때문에 결국엔 본인이 더 배우고 공부하는 수밖에 없습니다.

여러 가지 주식 관련 노하우와 지식이 누적되다 보면 감정보다 이성이 앞서므로 순간순간 최선의 판단을 할 가능성이 높아집니다. 그래서 저는 실패할 때 더 열심히 공부합니다. 제가 가장 주의하는 순간은 오히려 매매가 잘될 때입니다. 이렇게 주식시장 앞에서는 항상 조심스럽고 겸손한 마음가짐을 유지해야 합니다.

◆ 사람들과 끊임없이 교류하라 ◆

멘탈 이야기가 나와서 말인데 주식투자는 혼자 하면 굉장히 외롭고 쓸쓸합니다. 딱히 직장 동료나 친구와 주식 이야기를 하지 않는다면, 온라인 커뮤니티에서 활동하는 것을 추천합니다. 제가 만든 커뮤니티에서도 주식하는 사람들끼리 대화방에 모여 순수하게 대화를 나누곤 합니다. 그 가운데 누군가는 가르쳐 주기도 하고 누군가는 위로를 해주기도 합니다. 끊임없는 교류를 통해 고립되지 않는 자세가 중요하고, 다양한 정보를 얻는 통로도 필요합니다. 저 역시 항상 고립되지 않으려고 노력하면서 제가 가진 생각을 사람들과 나누려고 노력해 왔습니다.

저는 여러분이 건전하고도 안정적으로 주식을 매매하기 바랍니다. 이 책에서 다룬 전반적인 내용들은 모두 리스크를 줄이는 현실적인 매매 기법에 관한 것들입니다. 대부분의 사람들이 욕심을 앞세웁니다. 다시 말하지만 주식시장은 감정이 휘몰아치는 곳이기 때문에 욕심을 자제하지 못하면 그 누구라도 예외 없이 무너질 수밖에 없습니다.

무너지는 정도는 각자 다르지만 어떤 이는 재산의 절반을 탕진하기도 하고 어떤 이는 퇴직금을 모두 날리기도 합니다. 그만큼 무서운 곳이 이곳, 주식시장입니다. 하지만 분명한 것은 준비되고 훈련된 사람이 살아남는 곳도 바로 주식시장이라는 사실입니다.

이 책을 통해서 주식투자를 하는 여러분이 조금 더 단단해지고 올바른 매매 방향을 깨닫고 배우는 데 도움을 받았으면 합니다. 이미 시중에 수많은 주식 책이 있는 가운데 새로운 책을 내면서, 나는 과연 어떤 내용을 담아야 독자들에게 진정한 도움이 될까 고민을 거듭했습니다. 지금까지의 내용들이 이렇듯 치열하게 고민한 끝에 내놓은 결과물이라고 생각해 주신다면 좋겠습니다. 제가 여러분이 주식을 배우는 데 작은 도움을 드리는 한 사람이길 바랍니다.

이제 결과는 여러분의 몫입니다. 주식 잘하는 사람은 특별한 사람이 아니라 집요한 사람입니다. 여러분의 의지가 미래를 바꾸는 열쇠가 될 것입니다.

초수를 고수로 만드는
길벗의 주식투자서

주식투자 무작정 따라하기

▶ 주식 시장을 즐거운 전투장으로 만들어준 최고의 주식투자서
▶ HTS 활용은 기본! 봉차트, 추세선, 이동평균선까지 완벽 학습
▶ 독자 스스로 해답을 구할 수 있는 실용코너가 한가득!

윤재수 지음 | 420쪽 | 18,000원

나는 하루 1시간 주식투자로 연봉 번다

▶ 1시간 투자하면 안정적인 투자수익을 얻는다!
▶ 8년째 주식 맞벌이를 해온 부자의 투자 노하우 수록
▶ 종목선정 노하우부터 최적의 매도/매수 타이밍, 예약주문 활용법까지!

최금식 지음 | 328쪽 | 16,500원

하루 만에 수익 내는 실전 주식투자

▶ 차트 보기, 급등주 찾기, 테마주 올라타기, 손절하기까지!
▶ 따라하면 누구나 무조건 돈 버는 고수의 비법
▶ 실전에서는 화려한 차트분석보다 거래량&호가가 이긴다!

강창권 지음 | 360쪽 | 20,000원